프라임 일본문화정보

PRIME JAPANESE CULTURE INFORMATION

정효운 지음

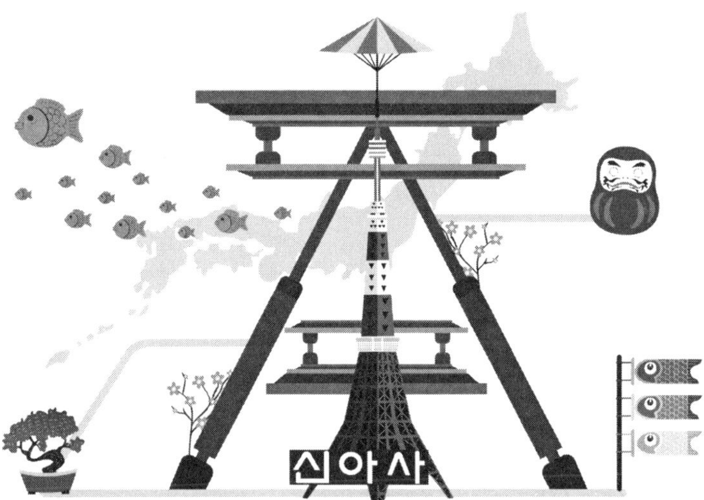

신아사

서문

일본은 어떠한 나라인가? 일본에 관심이 있는 사람이라면 대부분이 가지는 의문일 것이다. 일본을 알기 위해서는 일본어문학과 일본학 등의 지식이 필요하다. 그런데 이보다 더 쉽게 일반적으로 접할 수 있는 것이 일본문화라고 생각된다. 그러면 일본문화란 무엇일까라는 의문이 또 든다. 무엇을 일본문화라고 할까? 일반적으로 문화란 한 민족이 오랜 시간을 거치면서 이루어온 물질적, 정신적 산물이라고 할 수 있을 것이다. 이런 관점에서 타문화와 비교되는 일본적인 것들을 살펴볼 필요가 있다. 이 책에는 일본이라는 열도 속에서 일본문화를 만들어 온 일본인의 전통문화와 현대문화에 이르기까지 알아두면 좋을 것이라고 생각되는 내용들로 구성하였다.

동의 프라임 2018 인문학진흥사업의 일환으로 인문학 교재개발 사업을 추진한다는 이야기를 들은 것이 계기가 되어 그간 강의해 온 것들을 정리하여 일본문화 교재를 만들어 보았다. 역시 강의하는 것과 교재를 쓴다는 것은 많은 차이점이 있다. 문화를 어떤 기준으로 분류를 할까? 어떤 내용을 넣으면 좋을까? 기존의 일본문화 교재를 참고로 하면서 필요한 항목들을 중심으로 목차를 구성했다. 예전에는 자료를 찾기 위해 서적에만 의존하였는데, 인터넷의 발달로 요즘에는 훌륭한 인터넷 사이트가 많이 있어 참고가 되었다. 특히, 프리백과사전 일본 위키페디아에서 관련 항목의 자료 도움을 많이 받았다. 그리고 해당 관청이나 전문 사이트의 자료들도 도움이 되었다.

주어진 일정에 따르다 보니 시간이 촉박하여 차분히 검토를 할 시간이 주어지지 않은 점이 염려스럽다. 내용의 이해에 도움을 주는 사진을 첨부하지 못한 점 또한 아쉬움으로 남는다. 새로운 내용을 전달한다기 보다 일본에 관심 있는 학생들에게 필요한 정보를 전달하는데 목적을 두는 것으로 위안을 삼는다. 여러 부족한 부분들은 향후의 강의 과정에서 보완해 나갈 생각이다.

본 교재는 일본어를 전공하는 학생들의 일본문화와 사회에 대한 기초 지식의 습득을 주된 목적으로 다음 사항을 염두에 두고 집필하였다.

첫째, 일본문화의 내용을 12주에 맞추어 고대에서 현대까지 구성하여 배분하였다.

둘째, 주요 관련 용어들은 한글과 함께 히라가나와 한자를 병용하였다. 일본음 한글 표기의 경우, 한글과 함께 괄호 안에 일본어와 한자를, 한자 이해가 필요한 경우에는 한글 뒤에 한자를 병용 표기하였다.

셋째, 한자는 일본식 약자체로 표기하였고, 지명과 인명 등의 일본어 한글음 표기는 외래어 표기법에 맞추고자 하였다.

넷째, 교재용이기 때문에 일부 인용의 경우 가독성을 높이기 위해 각주를 달지 않고 참고 문헌과 사이트로 대신하였다.

끝으로 이 책에 대한 조언과 교정은 신라대학교 이정숙 교수의 도움이 컸다. 감사를 표하며, 교재를 쓸 기회를 준 동의지천교양대학과 출판사 신아사에도 감사를 드린다.

2018년 10월

정효운

목차

1강

일본열도와 일본인

문화를 의미하는 영어의 'culture'는 라틴어의 'colere'가 어원으로 경작이나 재배를 뜻하는 말이다. '마음을 경작하다'라는 의미에서 파생되어 '교양'이나 '정신문명'으로 이해되기도 한다. 중국에서는 '문치교화(文治教化)'에서 유래된 말로 형벌이나 무력이 아니라 학문으로 가르쳐 이끈다는 의미로 쓰이며 무화(武化)의 반대어로 해석하기도 한다. 영국의 인류학자인 E.B.테일러의 정의에 따르면 "문화 또는 문명이라는 것은 지식, 신앙, 예술, 도덕, 법률, 습관 등 인간이 사회 구성원으로서 획득한 모든 능력과 습관의 복합적 총체"라고 한다. 따라서 문화는 인간의 지적 발전과 정신적 진보의 결과로 만들어낸 예술이나 문학 등의 산물이며 사회 구성원이 공유하는 생활양식이나 행동양식을 뜻한다고 할 수 있다.

이처럼 인간이 생산하고 집적한 것이라는 광의의 뜻 외에도 정치문화, 사회문화, 생활문화 등으로 분야에 따라 나눈다든지, 공유 집단의 성격에 따라 상위의 문화와 하위의 문화로 나누기도 한다. 또한 속성에 따라 물질문화와 정신문화, 심미적 수준에 따라 고급문화와 대중문화로, 발생 장소에 따라 전통문화와 외래문화, 향유 세력에 따라 지배문화와 피지배문화 등으로 구분하기도 한다.

한편, 이런 관점에서 본다면, 일본문화란 일본인이 일본열도라는 장소와 시간이라는 역사과정 속에서 변화시켜온 물질적, 정신적 산물의 총칭이라 할 수 있다. 구체적으로는 언어와 사상, 문학과 예술, 정치나 경제, 법과 제도, 종교와 도덕, 풍습과 습속 등으로 이해할 수 있을 것이다.

1) 일본열도

(1) 지리

일본국, 일본(日本)은 니혼(にほん) 혹은 닛폰(にっぽん)으로 발음한다. 아시아 대륙의 동쪽에 위치하며 혼슈(ほんしゅう 本州)와 홋카이도(ほっかいどう 北海道), 규슈(きゅうしゅう 九州), 시코쿠(しこく 四国)의 4개의 주요 섬과 오키나와(おきなわ 沖縄)를 비롯한 난세이(なんせい 南西)제도, 이즈(いず 伊豆), 오가사와라(おがさわら 小笠原)제도 등의 6,852개의 부속섬으로 구성된 섬나라이다. 주위는 동해와 태평양, 동중국해, 필리핀해, 오호츠크해 등의 바다로 둘러쌓여 있고, 혼슈와 시코쿠 사이의 바다는 세토 내해(せとないかい 瀬戸内海)라고 부른다. 육지의 국경선은 없고 러시아와 북한, 한국, 대만, 중국, 필리핀, 미국 등과 배타적 경제 수역으로 접하고 있다. 일본열도 주변 바다에는 난류인 쓰시마(つしま 対馬) 해류와 구로시오(くろしお 黒潮) 해류가 남으로부터 북으로 흐르고, 한류인 오야시오(おやしお 親潮, 러시아명 쿠릴) 해류와 리만 해류가 북으로부터 남으로 흐른다.

국투는 약 70%가 산악 지역이며 삼림 비율은 67%정도이다. 면적은 약 37.8만 km^2로 세계 60위이며 대한민국의 약 3.8배, 남북한을 합친 면적의 1.7배정도이다. 전체 지형이 초승달 모양이며 홋카이도에서 오키나와까지 동북에서 서남방향으로 3000여km에 이른다. 2차 세계대전 전에는 한반도와 대만을 포함한 광대한 지역을 차지하였지만, 오늘날의 일본의 동서남북의 끝을 보면, 동쪽 끝은 동경(東経) 153도 59분의 도쿄도에 속한 미나미토리섬(みなみとりしま 南鳥島)이며, 서쪽 끝은 동경 122도 56분의 오키나와현에 속한 요나구니섬(よなぐにしま 与那国島)이다. 남쪽 끝은 북위 20도 25분의 도쿄도에 속한 오키노토리섬(おきのとりしま 沖ノ鳥島)이며, 북쪽 끝은 북위 45도 33분의 홋카이도에 속한 에토로후섬(えとろふとう 択捉島)이다. 이 가운데 일반인들이 공공 교통시설을 이용하여 갈 수 있는 곳은 요나구니섬뿐이다. 러시아와는 북방 4개섬을 둘러싼 영토 문제가 있으며, 남쪽으로는 중국과 센카쿠(せんかく 尖閣, 중국명 다오위다오)섬, 서쪽으로는 한국과 독도를 둘러싸고 영토 분쟁이 존재한다.

한편, 일본은 지리적으로 유라시아판과 필리핀판, 북아메리카판, 태평양판들이 겹치는 환태평양 조산대에 위치하고 있다. 이 때문에 화산이 분출되거나 지진이 자주 발생하는 지역이지만, 이로 인해 온천이 많이 분포하는 좋은 점도 있다. 북동지역에서 남서지역으로 뻗어내린 산맥으로 인해 동해안 지역과 태평양 지역으로 나뉘며, 기후나 문화 등에 의해 구분되기도 한다. 혼슈의 중부지역에는 일본의 최고봉인 3,776m의 후지산이 있으며 북쪽의 일본 알프스 지역에는 2,500m가 넘는 높은 산들이 집중해 있다. 기후는 열대에서 아한대까지 다양하게 존재하고 몬순의 영향으로 사계가 뚜렷하며 겨울이 그다지 춥지 않은 해양성 기후이다.

(2) 지역

현재 일본은 1도 1도 2부 43현이라는 도도부현(とどうふけん 都道府県)의 광역행정구역으로 구분되어 있다. 도도부현의 내부는 행정상 시구정촌(市区町村)과 정촌을 합친 군(郡), 특별구 등으로 구분되어 있고, 일부 시는 정령지정도시(政令指定都市)와 중핵시(中核市) 등의 특별시로 되어 있다.

47도도부현은 도쿄도(とうきょうと 東京都), 홋카이도(ほっかいどう 北海道), 아오모리현(あおもりけん 青森県), 이와테현(いわてけん 岩手県), 미야기현(みやぎけん 宮城県), 아키타현(あきたけん 秋田県), 야마가타현(やまがたけん 山形県), 후쿠시마현(ふくしまけん 福島県), 이바라기현(いばらぎけん 茨城県), 도치기현(とちぎけん 栃木県), 군마현(ぐんまけん 群馬県), 사이타마현(さいたまけん 埼玉県), 지바현(ちばけん 千葉県), 가나가와현(かながわけん 神奈川県), 니가타현(にいがたけん 新潟県), 도야마현(とやまけん 富山県), 이시카와현(いしかわけん 石川県), 후쿠이현(ふくいけん 福井県), 야마나시현(やまなしけん 山梨

県), 나가노현(ながのけん 長野県), 기후현(ぎふけん 岐阜県), 시즈오카현(しずおかけん 静岡県), 아이치현(あいちけん 愛知県), 미에현(みえけん 三重県), 시가현(しがけん 滋賀県), 교토부(きょうとふ 京都府), 오사카부(おおさかふ 大阪府), 효고현(ひょうごけん 兵庫県), 나라현(ならけん 奈良県), 와카야마현(わかやまけん 和歌山県), 돗토리현(とっとりけん 鳥取県), 시마네현(しまねけん 島根県), 오카야마현(おかやまけん 岡山県), 히로시마현(ひろしまけん 広島県), 야마구치현(やまぐちけん 山口県), 도쿠시마현(とくしまけん 徳島県), 가가와현(かがわけん 香川県), 에히메현(えひめけん 愛媛県), 고치현(こうちけん 高知県), 후쿠오카현(ふくおかけん 福岡県), 사가현(さがけん 佐賀県), 나가사키현(ながさきけん 長崎県), 구마모토현(くまもとけん 熊本県), 오이타현(おおいたけん 大分県), 미야자키현(みやざきけん 宮崎県), 가고시마현(かごしまけん 鹿児島県), 오키나와현(おきなわけん 沖縄県)이다.

한편, 일본을 4개의 섬과 주변 주요 섬들로 구분하는 지리적 구분 외에 동일본과 서일본지역으로 나누기도 하고, 경제적으로는 도쿄와 오사카의 2대 도시권으로, 문화적으로는 기내(畿內)와 관동(関東)으로, 기후와 해운의 측면에서는 태평양 방면과 동해(일본해) 방면으로 나누기도 한다. 3개 지역으로 구분할 경우에는 3대 도시 경제권을 기준으로 동일본, 중일본, 서일본으로 나누고, 기상 정보에서는 홋카이도와 동북의 북일본, 간토(かんとう 関東)와 미에현을 포함하는 중부의 동일본, 긴키(きんき 近畿)에서 규슈까지의 서일본으로 구분하기도 한다.

8개의 지역으로 구분할 경우에는 홋카이도(ほっかいどう 北海道)지방, 도호쿠(とうほく 東北)지방, 간토지방, 쥬부(ちゅうぶ 中部)지방, 긴키지방, 쥬고쿠(ちゅうごく 中国)지방, 시고쿠(しこく 四国)지방, 규슈·오키나와(きゅうしゅう 九州·おきなわ 沖縄)지방으로 나눈다. 이들 지역은 역사나 주민의 귀속 의식, 교통, 경제, 문화 등을 기준으로 구분된다. 그리고 이들 각 지역에는 '지점 경제도시'라고 하여 지방관청과 기업의 지사가 설치된 거점 중심도시가 있다. 또한 일본을 도쿄, 나고야(名古屋), 오사카를 합쳐 도메이한(とうめいはん 東名阪)이라 불리는 수도권과 중경권(中京圏), 근기권(近畿圏)의 3대 도시권과 삿포로시(さっぽろし 札幌市), 센다이시(せんだいし 仙台市), 히로시마시(ひろしまし 広島市), 후쿠오카시(ふくおかし 福岡市)의 4개를 합친 삿센히로후쿠(さっせんひろふく 札仙広福)의 지방권 도시 유형으로 나누기도 한다

지방구분	지점 경제도시	속성	대도시제도
홋카이도지방	삿포로시	삿센히로후쿠광역 (지방 중추도시)	정령지정도시
도호쿠지방	센다이시	삿센히로후쿠광역 (지방 중추도시)	정령지정도시
간토지방	도쿄도 구부 (とうきょうとくぶ 東京都区部)	3대 도시권 중심도시	특별구
쥬부지방	나고야시 (なごやし 名古屋市)	3대 도시권 중심도시	정령지정도시
긴키지방	오사카시 (おおさかし 大阪市)	3대 도시권 중심도시	정령지정도시
쥬고쿠지방	히로시마시	삿센히로후쿠광역 (지방 중추도시)	정령지정도시
시코쿠지방	다카마쓰시 (たかまつし 高松市)		중핵시
규슈· 오키나와지방	후쿠오카시	삿센히로후쿠광역 (지방 중추도시)	정령지정도시

(3) 인구

일본의 인구통계는 총무성 통계국에서 국세(国勢)조사로 파악할 수 있는데, 이 조사는 기본적으로 5년마다 행해지고 있다. 2015년의 인구는 127,094,745人으로 2010년의 조사 때보다 0.8%(962,607명) 감소한 숫자이다. 이는 일본이 급속한 저출산·고령화 사회로 접어들었음을 보여주고 있다. 국외에 거주하는 일본인은 2016년 현재 1,317,078명(남자 633,383명, 여자 683,695명)으로 인구의 약 1%를 차지한다. 2015년 기준으로 출생률은 인구 1,000명 당 8명이며, 사망률은 인구 1,000명당 10.3명으로 나타났다 이처럼 출생 인구보다 사망인구가 많다는 점은 일본이 인구감소 사회로 들어갔음을 보여준다. 참고로 메이지 초기의 일본인 인구는 약 3,000만 명정도였던 것으로 파악되고 있다.

일본인의 평균 수명은 후생노동성의 2010년 생명표에 따르면, 남자가 79.55세, 여자가 86.30세로 나타났다. 이는 2005년 남자 78.56세, 여자 85.52세에 비해 남자가 0.99세, 여자가 0.78세의 평균 수명이 늘어났음을 보여준다. 그리고 1947년 때의 평균 수명이 남자 50.06세, 여자 53.96세였던 점에 비하면, 남자가 28년, 여자가 32년정도 수명이 연장되었음을 알 수 있고, 여성이 남성보다 5년정도 더 오래산다는 것을 알 수 있다.

(4) 기후

일본은 남북으로 길기 때문에 온대의 습윤한 기후대와 냉대의 습윤한 기후대에 걸쳐 있어 경도에 따라 연기온의 차이가 크다. 기후는 크게 태평양 쪽과 동해(일본해) 쪽으로 나눌 수 있는데, 양 지역의 기후는 큰 차이를 보인다. 동해(일본해) 쪽은 시베리아 기단의 북서 계절풍의 영향으로 겨울에 눈과 비가 많이 내리는 특색을 보이며, 태평양 쪽은 태평양 기단의 남동 계절풍에 의해 여름에 비가 많이 내린다. 그리고 세토우치 연안 지역이나 중앙 고지는 연중 강수량이 다른 지역에 비해 적지만, 여름 장마나 가을 장마의 영향으로 한국에 비해 전체적으로 강수량이 많다.

섬나라이기 때문에 습기가 많은 해양성 기단의 영향을 받아 전체적으로 연간 강수량이 1,000mm를 상회한다. 하지만 호쿠리쿠(ほくりく 北陸)와 도카이(とうかい 東海), 기이(きい 紀伊)반도, 시코쿠, 남큐슈 등의 외해 연안부는 2,000mm가 넘고, 기이반도의 남동부 지역은 4,000mm를 넘는다.

일본의 기후에 영향을 미치는 기단(気団)은 5개가 있다. 봄과 가을에 좋은 날씨를 가져오는 남서쪽의 양자강(揚子江)기단, 여름에 많은 습기를 몰고오는 남쪽의 오가사와라(おがさわら 小笠原)기단이 있다. 북동쪽의 오츠크기단은 오가사와라기단과 만나 장마전선을 가져오기도 하고, 봄과 여름에는 야마세(やませ 山背)라 불리는 차고 습한 바람으로 관동지방에 악천후를 초래한다. 또한 적도기단은 여름과 가을에 태풍을 몰고와서 집중 호우를 내리게 하고, 시베리아기단은 겨울에 동해(일본해) 쪽에 눈을 내리게 한다. 그리고 지역에 따라서는 남쪽에서 올라오는 구로시오(くろしお 黒潮)나 쓰시마(つしま 対馬) 난류와 북쪽에서 내려오는 오야시오(おやしお 親潮) 한류의 영향을 받는 곳도 있다.

일본은 섬으로 이어진 남북 3,000km의 긴 길이를 가진 국가이기 때문에 냉대(冷帶)인 아한대(亜寒帶)부터 열대의 기후대까지 존재한다. 홋카이도와 혼슈(ほんしゅう 本州)의 일부 산악지대는 아한대, 혼슈의 대부분과 규슈, 시코쿠, 남서제도의 북부는 온대, 이오우(いおう 硫黃) 열도와 미나미토리섬, 오키노토리섬, 오키다이토섬은 열대에 속한다. 이 가운데 오가사와라제도와 이즈제도, 남규슈, 남서제도의 북부 지역 등은 아열대로 분류하기도 한다. 그러므로 남북의 연평균 기온은 삿포로가 9°C인데 비해 도쿄는 16°C, 나하(なは 那覇)는 22°C로 13도 정도의 큰 차이를 보인다. 참고로 일본 최북단의 소야(そうや 宗谷)곶에서 일본 최남단의 오키노토리섬까지는 약 2,845㎞이고, 최동단의 미나미토리섬에서 최서단인 요나구니섬까지는 3,142㎞이다. 그리고 혼슈의 길이는 최북단의 아오모리현의 오마(おおま 大間)곶에서 야마구치현의 시모노세키(しものせき 下関)까지의 직선 거리는 약 1,219㎞이고, 육로의 거리는 약 1,356㎞이다.

(5) 면적과 산하

일본 영토의 면적은 377,974㎢이며 해안선의 길이는 33,889km이고 영해는 3,091㎢이다. 가장 긴 하천은 중부지방에 있는 시나노(しなの 信濃)강으로 367km이고, 가장 유역면적이 넓은 강은 간토(かんとう 関東)에 있는 도네(とね 利根)강으로 16,840㎢이다. 가장 넓은 호수는 시가(しが 滋賀)현의 중앙에 있는 비와(びわ 琵琶)호수로 넓이는

670.33㎢이며, 주위가 가장 넓은 호수는 이바라키(いばらき 茨城)현의 남동부에 위치한 가스미가우라(かすみがうら 霞ヶ浦)호수로 주변이 249.5km이고, 가장 깊은 호수는 아키타(あきた 秋田)현에 있는 다자와(たざわ 田沢)호수로 깊이가 423m이다.

일본의 최고 높은 산은 후지(ふじ 富士)산으로 표고 3,776m이며, 그 밖에 남알프스, 북알프스로 불리는 혼슈(ほんしゅう 本州) 중앙의 산들은 대부분 2,500m 이상의 높이를 가지고 있다. 대표적인 하천으로는 도네강과 모가미(もがみ 最上)강, 이시카리(いしかり 石狩)강을 들 수가 있다. 도네강은 길이 298km이고 규모로서는 일본에서 가장 크며 도쿄도를 비롯한 수도권의 수원 역할을 담당하고 있다. 모가미강은 야마가타(やまがた 山形)현을 흐르는 일급하천으로 총연장 229km이고 유역면적은 7,040㎢이며, 한 개의 도도부현의 하천으로서는 일본에서 가장 길다. 이시카리강은 홋카이도 중서부에서 동해(일본해)로 흐르는 일급하천으로 길이는 268km이고, 유역면적은 도네강에 이어 전국 2위인 14,330㎢이다.

일본 하천의 특색은 평야보다 산이 많기 때문에 원류에서 하구까지의 거리가 대단히 짧고, 해발 고저차가 심하다. 그러므로 유속이 빨라 장마 등의 집중호우 때에는 제방이 붕괴되어 인가나 전답에 많은 피해를 주는 단점이 있는 반면, 물의 순환이 빠르기 때문에 신선한 물을 활용할 수 있는 장점도 있다.

2) 일본인

일본인들은 일본열도의 지형과 기후의 영향 속에서 일본문화를 만들어 나갔다고 할 수 있다. 일본열도에 일본인이 거주하기 시작한 시기는 구석기시대 말기부터로 보고 있다. 아시아대륙으로부터 건너간 구석기인들은 죠몽(じょうもん 縄文)인의 근간을 이루었다. 이후 수렵 위주의 죠몽인을 대신하여 죠몽 말기에는 한반도에서 도작농경을 위주로 하는 야요이(やよい 弥生)인이 서일본으로 도래하였다. 이들이 죠몽인과 혼혈을 거치면서 오늘날의 일본인의 원형을 만들어 나갔다고 할 수 있다. 야요이시대와 고분시대를 거쳐 역사시대에 들어서면 일본열도인들은 중국 역사서에서 '왜(倭)' 혹은 '왜인(倭人)'으로 표기되다가 8세기대에 이르면 일본인으로 불리게 된다.

일본인이라는 말은 일본국 국적을 가진 일본국민이라는 뜻과 일본열도에 기원을 가지는 민족집단이라는 의미가 있다. 현재의 민족 구성은 일본민족이 98.5%, 한국인 0.5%, 중국인 0.4%, 기타 0.6%로 단일민족이라고 표현할 수 있을 정도이다. 신체적 특징은 피부는 옅은 황색이며 두발은 검은색이나 갈색의 직모이거나 곱슬머리이다. 눈꺼풀은 홑눈꺼풀 혹은 겹눈꺼풀이고 어릴 때에는 한국인과 같이 몽고반점이 있다. 평균 신장은 해방 후부터 점점 늘어나 현재 남성은 171cm, 여성은 158cm정도이다.

고분시대와 고대국가 시기를 거치면서 문화적이나 정치적으로 일본인이 형성되어 갔다고 할 수 있다. '일본인'과 '일본민족'이라는 인식의 형성에 대해서는 여러 가지 설이 제기되어 있다. 야요이시대부터 어느 정도 왜인이라는 민족적 통합이 있었다고 보는 설이 있고, 율령제가 확립된 7세기 후반부터라고 보는 설, 13세기 몽골의 침입으로 일본과 일본인이라는 의식이 형성되는 계기가 되었다고 보는 설 등이 있다.

일반적으로 고분시대 이후 나라(なら 奈良)분지에 야마토(やまと 大和)왕권이 형성되자 혼슈와 시코쿠, 북큐슈지역의 주민은 대부분 야마토민족으로 통합되었다. 하지만 동북지방에는 에조(えぞ 蝦夷)민족이, 남큐슈지방에는 구마소(くまそ 熊襲) 혹은 하야토(はやと 隼人)민족이 있었으나 차츰 흡수, 동화되어 오늘날의 일본인의 원형을 만들어갔다고 볼 수 있다. 정치적인 면에서 본다면 동북지방에는 헤이안시대 이후 다이라노 마사카도(たいらの まさかど 平将門)의 마사카도정권이나 오슈후지와라(おうしゅう ふじわら 奥州藤原)씨의 히라이즈미(ひらいずみ 平泉)정권의 존재로 인해 서일본과 동일본을 구분할 수도 있다. 하지만 이후 관동지방을 기반으로 하는 무가정권이 전국을 정치적으로 지배하게 되었다. 근대 국민국가의 형성기에는 청일전쟁과 러일전쟁의 승리로 대만과 조선을 식민지로 삼아 지배하게 되자 개념상으로는 조선인과 대만인도 일본국민에 포함되었지만, 국적으로는 일본인인 내지인과 조선인, 대만인의 외지인으로 구분하였다.

3) 일본어

현재 공용어로 사용되는 일본어는 일본 국내와 주로 일본인 사이에서 사용하는 언어라고 할 수 있다. 일본인은 자국어라는 의미에서 '국어'라고 부르며 다른 언어와 구별할 때에는 '일본어'라고 말한다. 일본어 계통에 대해서는 북방설과 남방설, 혼합설이 제기되어 있지만 성립에 대해서는 불분명하다.

현재 일본 인구는 1억 2천7백만 여 명으로 세계 인구 11위의 대국이다. 일반적으로 자국민들이 자국의 언어를 사용하기 때문에 국가 인구와 모국어 화자 수가 유사하다고 볼 수 있지만, 유럽 국가들과 같이 반드시 일치하지 않는 경우도 있다. 2018년 추정치에 따르면 일본어 사용 인구는 1억 4천만여 명으로 영어, 중국어, 스페인어, 아랍어, 러시아어, 인도네시아어, 포르투갈어에 이어 8위라고 한다.

일본어의 특징은 한국어에 비해 음운 수가 적다. 한국어는 모음 10개, 자음 19개, 반모음 2개로 31개인데 반해, 일본어는 모음 5개, 자음 14개, 반모음(や, ゆ, よ) 3개, 특수 음소 2개(っ, ん)의 24개이다. 그리고 일본어 음절은한국어처럼 자음과 모음이 독립해서 존재하지 않고 자음과 모음이 결합되어 있다. 모음으로 끝나는 음절을 개음절, 자음으로 끝나는 음절을 폐음절이라고 하는데, 일본의 경우 특수 음절(っ, ん)을 제외하고는 개음절을 원칙으로 한다.

일본어 문법에는 성(性)과 격(格), 수(数)의 구별이 없으며, 영어와 같은 인칭의 어형 변화가 없다. 관계대명사나 관사가 없는 대신 조사가 있으며 어순이 같은 점, 문장에서 술어가 말미에 온다든지 주어가 생략되는 경우가 많은데, 이런 점은 한국어와 유사성을 가진다. 어휘는 동음어와 유의어가 많으며 중국어에서 차용한 한자어 비율이 높다.

일본어 문자는 히라가나(ひらがな 平仮名), 가타카나(かたかな 片仮名), 한자, 로마자, 숫자로 구성되어 있다. 히라가나와 가타카나는 한자가 전래된 이후, 한자를 바탕으로 만들어졌다. 현대 일본어에서는 한자와 가나 혼용문이 주로 사용되고, 필요에 따라 가타카나와 로마자, 숫자도 섞어 쓴다. 고대 일본인은 중국한자를 마나(まな 真名)라고 부르고 일본문자를 가나(かな 仮名)라고 하였다. 히라가나는 초서화한 한자를 간략히 한 것으로 9세기 말에서 10세기무렵 헤이안(へいあん 平安)시대에 만들어진 것으로 보고 있다. 한자 자획의 일부를 떼어서 만든 가타카나도 헤이안 중기인 10세기 경에 만들어진 것으로 본다. 가타카나는 주로 외래어 표기나 의성어, 의태어, 강조 용법 등에 사용된다.

일본어 표기에는 한자가 많이 쓰이지만 중국 한자의 수가 너무 많기 때문에 필요한 한자만을 선정하여 사용한다. 1946년에 당용한자(当用漢字)라 하여 1,850자를 정하여 사용하다가, 1981년에 사용빈도가 높은 95자를 추가하여 1,945자의 상용한자(常用漢字)로 제정하여 사용하고 있다. 하지만 쓰기 어려운 한자가 많기 때문에 1949년에 당용한자 가운데 복잡하고 획수가 많은 한자를 간략화하여 일본식 약자로 사용하고 있다.

한자의 읽기는 음으로 읽는 음독(音読)과 뜻으로 읽는 훈독(訓読)이 있다. 음독은 일본에 전래된 시기에 따라서 오음(呉音)과 한음(漢音), 당음(唐音) 등으로 나뉜다. 이 외에도 한 단어 내에 앞자를 훈으로, 뒷

자를 음으로 읽는 유토요미(ゆとうよみ 湯桶読み)와 앞자를 음으로 뒷자를 훈으로 읽는 쥬바코요미(じゅうばこよみ 重箱読み)가 있다.

로마자는 무로마치(むろまち 室町)시대 말기 포르투칼의 선교사에 의해 전해졌다. 일반적으로 인명(人名)이나 지명(地名) 등을 표기하는 데 사용한다. 여기에는 표준식과 일본식, 훈령식 등이 있는데, 현재는 일반적으로 표준식을 따른다.

2강
일본문화사

일본문화는 고대로부터 지정학적 조건으로 인해 중국문화의 영향권에 속하면서 중국의 대륙문화와 한반도 문화를 받아들여 여기에 재래의 일본열도 문화를 융합한 형태의 독자적인 문화를 형성해 왔다고 할 수 있다. 바다로 격리된 탓에 육지로 이어진 한국이나 베트남 등의 주변 국가들에 비해 중국으로부터의 정치적 영향은 상대적으로 미미하였다. 하지만 전근대시기까지는 외교나 교역 등의 교류를 통해 중국이나 한국을 비롯하여 주변 국가들로부터 다양한 문화를 받아들였고, 근대 이후에는 미국이나 유럽의 문화를 받아들여 오늘날의 일본문화를 만들었다고 볼 수 있다. 그러면 시대적으로 어떤 문화가 존재하였는지 개략적으로 살펴보기로 하자.

1) 원시문화

일본 원시문화의 시대 구분은 구석기, 죠몽(じょうもん 縄文)시대, 야요이(やよい 弥生)시대로 나눈다. 이는 한국이 구석기, 신석기, 청동기, 철기로 나누는 구분과는 차이를 보인다. 일본열도에 사람이 정착하게 된 시기는 구석기시대로 이동 경로에 대해서는 홋카이도(ほっかいどう 北海道)쪽의 북방설, 중국대륙과 한반도 경유의 서방설, 오키나와(おきなわ 沖縄)쪽의 남방설 등이 주장되고 있으나, 빙하기의 환경변화로 인한 서방설이 주된 루트라고 볼 수 있다.

일본에서는 토기를 중심으로 문화시기를 구분하기 때문에 구석기시대는 무토기(無土器) 혹은 선토기(先土器)시대라는 용어를 사용하기도 한다. 현재 일본의 구석기 문화는 전기와 중기의 유적은 거의 발견되지 않고 약 3만 년 전부터 1.2만 년 전의 후기 구석기시대의 문화유적이 대부분이다. 문화 유물로는 일본이 산성 토양이어서 뼈 등의 골각기는 발견되지 않고, 박편 석기나 나이프형 석기, 국부마제석부 등의 석기들이 주류를 이룬다.

구석기시대의 문화에 이어서 식료 채집을 바탕으로 하는 죠몽시대 문화가 전개된다. 이 시기 일본인들은 수혈식 주거에 거주하면서 타제와 마제석기, 토기 등을 이용하여 나무 열매나 조개 등을 채집하고, 사냥이나 물고기 잡이 등으로 생활을 영위하였다. 구석기시대와 비교하여 이 시대를 대표하는 특징으로는 죠몽토기의 출현과 수혈주거의 보급, 패총의 형성 등을 들 수 있다.

'죠몽'이라는 명칭은 1877년 에드워드 모스(Edward S. Morse)가 도쿄

의 오모리(おおもり 大森)패총에서 발굴한 토기를 새끼줄 무늬라는 의미의 '죠몽'토기로 번역하므로써 사용되었다. 현재 죠몽토기는 초창기(약 1만 5,000~1만 2,000년 전), 조기(약 1만 2,000~7,000년 전), 전기(약 7,000~5,500년 전), 중기(약 5,500~4,500년 전), 후기(약 4,500~3,300년 전), 만기(약 3,300~2,800년 전)의 6기로 나누어 구분한다.

이 시기에는 대형의 마제석부, 석창, 송곳, 첨두기, 석촉 등 다양한 석기나 골각기 도구가 만들어져 수렵과 어로, 식물 채취 및 재배 등에 있어서 생산력의 비약적인 발전을 가져오게 되었다. 한편, 이 시기 문화의 특징으로는 정령이나 주로 여성의 모양을 모방하여 만든 토우가 출토되고 있다는 점이다. 이 토제품은 유방이나 엉덩이를 과장되게 표현한 여성상인데, 이것을 농작물의 풍요를 비는 지모신(地母神) 숭배사상으로 해석하기 때문에 종교적 신앙과 관련이 있다고 본다. 또한 죠몽 시기부터 농작물이 재배된 것으로 보고되고 있는데, 경작된 농자물은 주로 팥이나 들깨, 외, 조롱박, 우엉 등의 밭작물이 보고되고 있다.

야요이시대는 기원전 10세기 무렵부터 기원후 3세기 중엽까지로 보고 있다. 야요이시대는 죠몽시대의 채집경제에서 도작농경을 위주로 하는 생산경제 체제로의 전환을 의미한다. 야요이라는 명칭은 1884년 도쿄의 분쿄(ぶんきょうく 文京)구 야요이(やよいちょう 弥生)정의 패총에서 발견된 토기를 야요이토기로 명명한 것에서 유래되었다.

기원전 5세기 중엽 무렵에 한반도로부터 북부 규슈(きゅうしゅう 九州)에 도작농경이 전래되어 이후 규슈와 시코쿠, 혼슈지역 등으로 확산되어 나갔다. 초기의 대표적 유적으로는 사가(さが 佐賀)현 가라쓰(からつ 唐津)시의 나바타케(なばたけ 菜畑)유적과 후쿠오카(ふくおか 福岡)

현 이타쓰케(いたつけ 板付)유적 등을 들 수 있다. 여기서는 한반도계 마제석기와 탄화미 등이 발견되어 그 관련성을 뒷받침하였다.

야요이시대는 조기, 전기, 중기, 후기의 4기로 구분하는데, 후기 후반의 1세기 무렵이 되면 서일본 각지에서 지역정치 세력이 성장하여 2세기 말 무렵에 이르면 왜국이 성립되고, 3세기 중엽부터는 고분시대 문화로 이행하게 된다.『위서(魏書)』왜인전(倭人伝)에는 이 시기에 야마타이(やまたい 邪馬台)국이 성립하였다고 기록되어 있다. 야요이문화의 특징은 수전농업을 중심으로 수렵과 어로와 함께 일부에서는 가축도 사육되었다고 한다. 또한 수전농업에 따른 인구의 집중으로 환호집락 문화도 형성되었다.

도구로는 석기, 목기, 청동기, 철기, 토기 등이 사용되었다. 석기는 죠몽시대의 타제석기와 아울러 대륙계 마제석기도 사용하였고, 목기는 농기구나 식기 등에 사용하였다. 청동기의 경우는 지역에 따라 동검(銅劍)이나 동모(銅鉾), 동과(銅戈)와 같은 무기로 혹은 동탁(銅鐸)이나 동경(銅鏡) 등과 같은 제기로 사용하였다. 토기는 곡물이나 열매 등의 저장과 보존 그리고 취사와 제사용의 용도로 사용되었다. 고대한국 지역에서 전래된 철기는 무구와 공구, 농구 등에 사용되었으며, 중기 전반까지 북부 규슈에서 주로 공구로 사용되다가 후기 이후에는 무기와 농구 용도로 서일본 전역으로 확산되었다.

2) 고대의 문화

일반적으로 고분시대는 일본역사의 시대구분의 하나로 3세기 후반부터 7세기 말무렵까지의 약 400여년 간을 지칭한다. 이 시기에는 일본열도의 소국들이 이합집산을 통해 규슈지역과 기내(畿內)지역을 중심으로 양분되었다가 점차 중심축이 기내지역으로 이동하는 양상을 보인다. 소국들이 경쟁을 통해 세력을 넓혀간 데에는 일본 국내 경제력의 향상에 따른 측면도 있지만, 중국대륙과 한반도 제국들과 교류관계를 맺으며 선진문화를 받아들인 결과로 볼 수 있다. 기원전 3세기무렵 중국에 전한(前漢)이 들어서게 되자, 일본의 소국들이 고대한국 국가들의 매개를 통해 낙랑군과 조공관계를 맺으면서 중국의 선진문화를 받아들였다. 대표적인 것이 청동기와 철기 등의 선진 물질문화이다.

한편, 일본의 대표적인 고분인 전방후원분은 원형의 주구(主丘)에 방형의 돌출부를 접합시킨 모양의 고분이다. 전방후원분은 3세기 중엽부터 6세기 말까지 일본 동북지방의 남부부터 규슈지방의 남부지역까지 확산되었다. 이후 고분문화는 7세기에 들어서면 방형분, 원형분, 팔각분 등으로 모양이 다양화되다가 소멸하게 된다. 이 시기 기내지역의 야마토왕권은 가야, 백제, 신라, 고구려 등 고대한국의 국가들과 밀접한 교류관계를 맺으며 중국문화의 수입에 주력을 하였다. 주로 국가형성에 필요한 정치제도와 한자를 비롯한 불교, 유교 등의 선진문화였다.

7세기 이후 중국에 당(唐)나라가 들어서자 견당사(遣唐使)와 함께 유학생들을 파견하여 선진문물과 문화를 적극적으로 수입하고 이를 일본 고유문화와 융합시켜 새로운 성격의 문화를 만들어나갔다. 이 시기의 문화는 비조(飛鳥)문화, 백봉(白鳳)문화, 천평(天平)문화, 홍인·정관(弘仁·貞観)문화, 국풍(国風)문화, 원정기(院政期)문화 등으로 나눌 수 있다.

아스카(あすか 飛鳥)문화로 불리는 비조문화는 나라(なら 奈良)의 아스카지역을 중심으로 발전하였다. 백제에서 불교가 전래된 6세기 중반부터 7세기 중반의 대화개신(大化改新)까지의 시기로 스이코(すいこ 推古)천황 시대를 정점으로 하여 꽃피운 불교문화이다. 백제와 신라, 고구려와 중국 남북조 문화의 영향으로 국제적 성격이 풍부한 문화라고 할 수 있다. 불교문화가 융성하였던 시기로 법흥사(法興寺)와 법륭사(法隆寺) 등의 사원이 건립되고, 많은 불상들이 제작되었다.

하쿠호(はくほう 白鳳)문화인 백봉문화는 645년의 대화개신부터 710년 헤이죠쿄(へいじょうきょう 平城京) 천도까지의 시기를 말한다. 후지와라쿄(ふじわらきょう 藤原京)를 중심으로 한 초당(初唐)문화와 고대한국, 인도, 중앙아시아 등의 영향을 받아 느긋하고 대범한 불교문화를 꽃피운 시기라 할 수 있다. 주요 유적과 유물로는 후지와라쿄의 대궐, 대관대사(大官大寺), 산전사(山田寺) 등이 있고, 약사사(薬師寺) 금당 동조 삼존상, 법륭사 금당 벽화, 다카마쓰(たかまつ 高松) 고분벽화, 키도라 고분벽화 등을 들 수 있다.

덴표(てんぴょう 天平)문화인 천평문화는 8세기 중반인 729년부터 749년까지의 문화로 수도인 나라의 헤이죠쿄를 중심으로 실크로드를 통한 서아시아의 문화와 당나라 문화를 적극적으로 받아들여 꽃피운 귀족 불교문화라고 할 수 있다. 덴표는 쇼무(しょうむ 聖武)천황의 연호이다. 주요 유적과 유물로는 동대사(東大寺)의 불상과 당초제사(唐招提寺)의 금당 등을 들 수 있다. 그리고 쇼무천황에 의해 각 지역에 만들어진 국분사(国分寺)와 국분니사(国分尼寺), 노래집인 『만엽집(万葉集)』과 정창원(正倉院)의 보물 등을 들 수 있다.

고닌·죠간(こうにん 弘仁·じょうがん 貞観)의 문화인 정관문화는 수도를 헤이안쿄(へいあんきょう 平安京)로 천도한 794년부터 9세기 말까지의 문화를 지칭한다. 고닌과 죠간이라는 명칭은 사가(さが 嵯峨)천황과 세이와(せいわ 清和)천황의 연호이다. 헤이안쿄 귀족을 중심으로 중국문화를 중시하는 당풍(唐風)문화가 발달한 시기였으므로 한문학이 발전하였다. 불교에 있어서는 밀교의 영향으로 천태종(天台宗)과 진언종(真言宗) 등이 발전하였고, 신불습합(神仏習合)의 움직임이 강한 시기였다고 볼 수 있다. 주요 유적과 유물로는 역사서인 『유취국사(類聚国史)』와 설화집인 『일본영이기(日本霊異記)』, 비예산(比叡山) 연력사(延暦寺)와 실생사(室生寺) 금당, 오중탑(五重塔) 등이 있다.

고쿠후(こくふう 国風)문화인 국풍문화는 10세기 초부터 11세기 섭관(摂関)정치의 시기를 중심으로 전개된 문화이다. 고쿠후문화는 나라시대의 중국문화의 영향으로 만들어진 당풍문화에 대응하는 의미가 있으며 화풍(和風), 왜풍(倭風)이라고도 한다. 고쿠후문화는 부드러운 조형미와 아름다운 색채가 조합되어 우아한 특징을 보인다. 894년의 견당사의 폐지로 인한 중국적 영향의 쇠퇴는 국풍화를 가속시켰다. 말법사상을 배경으로 정토(浄土)신앙이 유행하였고, 가나문자의 확산으로 뇨보(にょうぼう 女房)라 불리는 궁녀들의 문학이 발달하여 세이쇼

나곤(せいしょう なごん 清少納言)이나 무라사키 시키부(むらさき しきぶ 紫式部) 등의 여성작가가 나타났다.

인세이키(いんせいき 院政期)문화인 원정기문화는 헤이안 말기문화로 불리는데, 11세기 후반부터 12세기 말의 가마쿠라(かまくら 鎌倉)막부 성립 시기까지를 지칭한다. 인세이키는 사회적으로 귀족세력이 쇠퇴하고 무사세력이 영향력을 미치는 과도기였기 때문에 문화면에서도 이러한 시대상이 반영되기 시작한 시기였다고 할 수 있다. 귀족세력의 쇠퇴는 무사나 서민, 지방문화의 발전을 가져오는 계기가 되었다. 또한 무사의 대두와 승병의 횡포는 사회불안을 가져왔고, 천재지변과 화재, 역병 등으로 인해 말법사상의 유행을 초래하였다. 이와 더불어 서방극락정토로의 왕생을 기원하는 정토교(浄土教)가 전국적으로 확산되었으며 아미타당(阿弥陀堂)이 많이 만들어졌다. 사사(寺社)는 세속화하고 신도(神道)의 신은 부처의 화신이라는 본지수적설(本地垂迹說)도 퍼져나갔다. 주요 유적으로는 평등원(平等院)의 봉황당(鳳凰堂)과 이쓰쿠시마(いつくしま 厳島)신사 등을 들 수 있다.

3) 중세의 문화

중세는 무사가 대두함으로써 무사 특유의 문화가 형성된 시기로 선종(禅宗) 승려의 왕래와 중국 송나라의 영향을 받아 끽차(喫茶)의 관습과 수묵화, 정진요리(精進料理) 등이 발달한 시기였다. 조각에도 강한 육체를 강조하는 특색이 보이며, 문화가 지방으로 확산되어 사루가쿠

(さるがく 猿楽)나 덴가쿠(でんがく 田楽) 등의 예능이 발달하였다. 무로마치(むろまち 室町)시기는 전쟁의 시대였지만 동산(東山)문화를 중심으로 발달한 노(のう 能), 다도, 쇼인즈쿠리(しょいんづくり 書院造)라는 서원 건축양식 등 오늘날의 일본적 문화의 토대를 만든 시대였다고 할 수 있다. 중세문화는 가마쿠라(かまくら 鎌倉)문화와 무로마치문화로 나눌 수 있다.

가마쿠라문화는 지금의 가나가와(かながわ 神奈川)현 가마쿠라시에 가마쿠라 막부가 성립된 12세기 말부터 14세기 전반까지의 문화를 말한다. 이 시기에는 동국(東国)지역에 무가정권이 들어서서 헤이안쿄 중심의 전통적인 공가(公家)세력에 대해 정치, 경제적 우위를 차지하면서 각 분야에서도 새로운 문화의 움직임이 나타났다. 이들은 가마쿠라를 중심으로 전통적인 공가문화를 바탕으로 하면서 무사와 서민의 기풍을 반영하여 소박하고 힘이 넘치는 새로운 무가문화가 싹트기 시작하였다. 일송(日宋)무역을 통해 중국으로부터 선종(禅宗)의 문화가 전래되고, 신흥 무사와 농민들의 요구에 부응하여 정토종(浄土宗), 정토진종(浄土真宗), 시종(時宗), 일련종(日蓮宗), 임제종(臨済宗), 조동종(曹洞宗) 등의 새로운 불교 종파가 형성되었다.

신불교 종파가 만들어지고 막부의 보호로 선종이 확산되어 무사와 서민계급으로 급속히 침투하게 되자, 종래 영향력을 미치고 있던 남도육종(南都六宗)을 비롯한 천태종, 진언종 등의 구불교계에서도 반성과 혁신의 기운이 일어나게 되었다. 이 시기의 대표적인 문화로 문예에 있어서는 전쟁 이야기를 소재로 하는 군담(軍談)소설인 『평가물어(平家物語)』, 일본식 시가인 와카(わか 和歌)를 모은 『신고금화가집(新古

今和歌集)』, 수필집인 가모노 쵸메이(かもの ちょうめい 鴨長明)의『방장기(方丈記)』, 요시다 켄코(よしだ けんこう 吉田兼好)의『도연초(徒然草)』등을 들 수 있다. 건축과 조각으로는 동대사(東大寺) 남대문의 금강역사상 등이 있고, 회화로는 두루마리 그림인 에마키(えまき 絵巻)가 전성기를 이루었다. 에마키의 소재로는 전란이나 무사의 생활, 고승의 전기, 불교설화, 사사(寺社)의 유래 등이 주로 활용되었다.

무로마치(むろまち 室町)문화는 아시카가(あしかが 足利)씨가 교토의 무로마치에 무로마치막부를 개설하면서 이를 중심으로 형성된 문화를 말한다. 3대 장군인 아시카가 요시미쓰(あしかが よしみつ 足利義満)의 북산(北山)문화와 8대 장군인 아시카가 요시마사(あしかが よしまさ 足利義政)의 동산(東山)문화로 나눌 수 있다. 무로마치시대에는 정치적으로도 무가가 공가를 압도하게 되었다. 장군가를 비롯하여 유력 상층무사들이 교토에 거주하게 되자, 전통의 공가문화와 선종을 비롯한 송(宋)문화의 영향을 바탕으로 힘차고 간결한 무가문화를 개화시켰다. 한편, 상공업의 발달로 도시민과 농민들도 문화의 담당자로 등장하게 되고, 신불교의 확산과 더불어 다도와 사루가쿠, 교겐(きょうげん 狂言), 렌가(れんが 連歌) 등의 문화가 지방으로 널리 퍼졌다.

14세기 말의 북산문화를 대표하는 건물로는 아시카가 요시미쓰가 교토의 북산에 조영한 북산산장을 들 수 있는데, 일명 금각사(金閣寺)라 불리는 녹원사(鹿苑寺)의 사리전이다. 1층은 공가풍의 주택양식인 신덴즈쿠리(しんでんづくり 寝殿造)의 아미타당(阿弥陀堂), 2층은 무가식 주택양식, 3층은 선종 불전풍의 불사리를 안치한 건물이다. 공가와 무가문화, 중국 명나라의 영향을 융합한 양식이라 할 수 있다. 문학으로는 군담소설인 『태평기(太平記)』와 선종사원의 한문학인 오산(五山)문학, 렌가 등을 들 수 있다. 수묵화가 발전하였으며, 간아미(かんあみ 観阿弥)와 제아미(ぜあみ 世阿弥) 부자에 의해 노가 완성되었다. 그리고 막부의 보호로 임제종이 발전하였다.

15세기 말의 동산문화는 아시카가 요시마사 장군이 만든 교토의 동산산장을 중심으로 하며 무가와 공가, 선승문화가 융합한 문화이다. 대표 건축으로는 은각사(銀閣寺)라고 불리는 히가시야마 지쇼지(東山慈照寺)를 들 수 있다. 은각사는 귀족적이고 화려한 금각사에 비해 그윽함과 예스럽고 차분함을 의미하는 와비(わび), 사비(さび)의 미의식이 내재된 건축물이다. 은각은 관음전(観音殿)이라고도 하는데, 1층은 주택풍의 쇼인즈쿠리, 2층은 선종풍의 불전으로 되어 있다. 그 외 용안사(龍安寺)의 방장정원(方丈庭園), 대덕사(大德寺)의 대선원정원(大仙院庭園), 다도와 화도(華道), 렌가 등도 이 시기의 문화이다.

4) 근세의 문화

근세의 시작은 전국(戦国)시대의 일본이 통일로 나아가는 과정에서 찾을 수 있을 것이다. 오다 노부나가(おだ のぶなが 織田信長)와 도요토미 히데요시(とよとみ ひでよし 豊臣秀吉)에 의한 천하통일은 유럽에서 들어온 조총(鉄砲)문화의 유입에 따른 전투 방식 변화의 결과라고 볼 수 있다.

아즈치모모야마(あづちももやま 安土桃山)문화는 남만(南蛮)문화라고 불리는 유럽의 이문화가 유입되어 형성되었다. 조총이 전래되고 예수회 선교사들에 의한 기독교 포교와 더불어 해외 문물의 수입과 교류가 증가하게 되었다. 이를 배경으로 신흥 다이묘(だいみょう 大名)와 호상(豪商)이 출현하면서 호화롭고 화려한 문화를 꽃피웠다. 모모야마문화를 상징하는 것은 성곽건축으로, 성곽은 군사시설임과 동시에 일본 특유의 건축양식이라 할 수 있다. 대표적인 성곽으로 오사카시의 오사카성과 효고(ひょうご 兵庫)현의 히메지(ひめじ 姫路)성, 교토(きょうと 京都)시의 후시미(ふしみ 伏見)성, 시가(しが 滋賀)현의 히코네(ひこね 彦根)성 등을 들 수 있다.

하지만 선교사에 의한 기독교 사상의 확산은 안정기에 들어선 에도(えど 江戸)막부를 금교정책으로 나아가게 하였다. 그 결과 나가사키(ながさき 長崎)를 제외하고 외국 문물 유입을 차단하는 쇄국으로 나타났다. 에도시대의 문화는 3대 도시로 일컫는 에도와 교토(きょうと 京都), 오사카(おおさか 大阪)의 도시민을 중심으로 꽃을 피웠다. 에도시대의 문화는 전기의 겐로쿠(げんろく 元禄)문화, 후기의 가세이(かせい 化政)문화로 나눌 수 있다.

겐로쿠문화는 17세기 후반에서 18세기 전반에 형성된 문화이다. 17세기 중엽부터 농촌의 상품작물 생산과 도시의 산업 발달에 따른 도시민의 풍부한 경제력을 배경으로 문예와 학문, 예술 분야에 있어 현저한 발전을 이루었다. 특히 오사카, 교토 등의 가미가타(かみがた 上方)지역을 중심으로 현실적이고 합리적인 정신을 추구하며, 서민의 생활과 감정, 사상을 표현하는 다양한 문예작품들이 출판되었다.

또한 이 시기에는 전통적인 와카(わか 和歌)나 렌가(れんが 連歌)보다 유희성이 높은 하이카이(はいかい 俳諧)가 인기를 모았고, 인형극인 닌교죠루리(にんぎょうじょうるり 人形浄瑠璃)와 가부키(かぶき 歌舞伎) 등이 성행하였다. 대표적인 인물로서는 소설의 이하라 사이카쿠(いはら さいかく 井原西鶴), 하이카이의 마쓰오 바쇼(まつお ばしょう 松尾芭蕉), 죠류리(じょうるり 浄瑠璃)의 지카마쓰 몬자에몬(ちかまつ もんざえもん 近松門左衛門) 등이 있고, 회화의 오가타 코린(おがた こうりん 尾形光琳), 우키요에(うきよえ 浮世絵)의 히시카와 모로노부(ひしかわ もろのぶ 菱川師宣) 등을 들 수 있다.

가세이문화는 에도시기 후기에 발전한 에도 도시민의 문화이다. 겐로쿠문화에 비해 찰라적이고 퇴폐적인 경향이 강하다. 1804년에서 1830년의 문화·문정(文化·文政)시기가 중심이 되었는데 이를 축약하여 가세이문화라고 하였다. 정치나 사회 사건, 세태 등 일상생활을 풍자하는 센류(せんりゅう 川柳)가 유행하였다. 문학에 있어서도 통속소설이나 짓펜샤 잇쿠(じっぺんしゃ いっく 十返舎一九)의 여행기인『동해도중슬율모(東海道中膝栗毛)』와 같이 서민생활을 재미있게 묘사한 작품을 즐겼다.

우키요에 혹은 니시키에(にしきえ 錦絵)라고도 불리는 판화는 에도에서 발생하였는데, 판화 기술의 발달과 더불어 상인들의 교류를 통해 각 지역으로 전해졌다. 원래 우키요에는 육필화와 목판화가 있다. 전자의 경우 개별적으로 그려야 하므로 가격이 비싼데 반해, 후자의 경우 판화이기 때문에 복수 제작이 가능하고 다채로운 색채를 표현하는 기술의 발달과 함께 널리 보급되었다. 내용도 다양하며 가격이 저렴하

여 서민들도 구입하기 쉬웠다. 우키요에의 가격은 형식과 연대에 따라 다르지만 19세기 전후의 경우 대형 1장에 20문정도였다고 한다. 당시 소바 한 그릇이 16문이었다고 하기 때문에 국수 한 그릇의 가격 정도로 저렴했다고 볼 수 있다.

또한 이 시기에는 국학(国学)과 난학(蘭学)이 크게 발전하였다. 국학은 에도시대 중기에 발흥한 학문으로 고학(古学), 황조학(皇朝学), 화학(和学)으로도 불린다. 종래의 유교 고전이나 불전 연구의 학문 경향을 비판하고 일본 고전을 연구하여 고대 일본의 문화와 사상, 정신세계를 추구하는 학문이라 할 수 있다. 학문의 범위는 국어학, 국문학, 역사학, 지리학, 신학, 가도(歌道) 등으로 폭이 넓다. 대표적 인물로는 근대 국학 및 와카 연구에 큰 족적을 남긴 가모노 마부치(かもの まぶち 賀茂真淵), 국학의 집대성자로 황국 우월론을 주장한 모토오리 노리나가(もとおり のりなが 本居宣長), 독자적인 사유로 황국 우월론을 주장한 히라타 아쓰타네(ひらた あつたね 平田篤胤) 등이 있다. 이들에 의해 제창된 복고(復古)사상은 이후 존왕사상으로 발전하였다.

난학(蘭学)은 국학과 함께 에도시대를 대표하는 학문의 하나로 네덜란드를 통해 들어온 유럽의 문화나 학술, 기술 등을 말한다. 명칭은 처음에는 남만학(南蛮学)이라는 의미에서 만학으로 불리기도 했고, 개국을 한 막말(幕末) 이후에는 영국, 프랑스, 독일 등 여러 국가와 외교관계를 맺게 됨으로써 양학(洋学)으로 발전하였다. 난학은 어학과 의학, 물리학, 측지학, 화학, 천문학 등 다양한 분야에 걸쳐 있었지만, 막말의 양학은 실용적이고 군사적인 것이 주류를 이루었다. 대표적인 것으로 에가와 히데타쓰(えがわ ひでたつ 江川英龍)의 니라야마(にらや

ま 韮山) 반사로, 다카시마 슈한(たかしま しゅうはん 高島秋帆)의 서양 포술, 사쿠마 쇼잔(さくま しょうざん 佐久間象山)의 대포 주조, 나가이 나오유키(ながい なおゆき 永井尚志)의 나가사키(ながさき 長崎) 해군 전습소, 가쓰 카이슈(かつ かいしゅう 勝海舟)의 고베(こうべ 神戸) 해군조련소 등을 들 수 있다. 개국으로 인해 구미제국(諸国)과의 외교문서나 학문 번역의 필요성에서 1856년 양학연구교육기관으로 막부 직할의 번서조소(蕃書調所)가 발족하였다. 1863년 개성소(開成所)로 개칭되었고, 이후의 도쿄(とうきょう 東京)대학의 전신이 되었다.

5) 근대의 문화

개국에 따른 구미(欧米)문물과 사상의 도입은 막부를 무너뜨리고 메이지(めいじ 明治)유신을 통해 일본을 근대국가로 나아가게 하는 원동력이 되었다. 새로운 서구문화의 급격한 유입은 문명개화(文明開化)의 풍조를 확산시키는 한편, 전통을 재평가하려는 움직임도 일어게 했다. 철도를 비롯한 교통기관의 발달과 교육제도의 정비는 신문화를 각 지역으로 확산시켰으며, 신문이나 잡지 등 미디어의 발달에 따른 자유주의 운동과 사조의 확산은 다이쇼(たいしょう 大正)데모크라시로 이어졌다. 샐러리맨층의 확대와 양복의 착용, 서양 음식의 서민화는 쇼와(しょうわ 昭和)시대 문화를 상징하였다. 이 시기의 문화는 메이지, 다이쇼, 쇼와 천황의 재위를 기준으로 구분할 수 있다.

메이지정부는 부국강병(富国強兵)과 식산흥업(殖産興業)을 통한 탈

아입구(□亜入欧)를 추진하기 위해 서구의 문물과 근대적 제도를 적극적으로 받아들였다. 부국강병을 위한 서양 군사기술의 도입과 함께 징병제도를 추진하였고, 식산흥업을 위해 도미오카(とみおか 富岡)제사장(製糸場)과 같은 관영공장을 건설하였다. 이와 더불어 각종 제도를 개혁하였다. 태양력이 도입되었으며, 가스등이 설치되는 등 도시화가 진행되었다. 철도와 인력거, 전신과 우편 등의 교통 통신제도를 시행하였으며 양풍이나 의양풍(疑洋風)의 건축이 많이 만들어졌다. 단발령과 폐도령(廃刀令)과 함께 복장문화에서도 양복이나 군대 제복이 변화를 보였고, 음식문화에 있어서도 스키야키(すきやき 鋤焼) 등의 육식과 우유 음용 등이 장려되었다. 또한 교육령의 공포에 의해 학제가 시행되고, 유학생이 파견되었으며, 신문이나 잡지가 간행되는 등 급속한 서구화가 추진되었다.

메이지시대 문화의 특색은 일본문화의 기층 위에 서양의 문화가 혼합되는 양상을 보인다고 할 수 있다. 초기에는 극단적인 구미주의 편중 현상에서 후기에는 일본문화에 서양문화를 적용시키는 화혼양재(和魂洋才)의 방향으로 변화되어 갔다. 대표적 인물인 후쿠자와 유키치(ふくざわ ゆきち 福沢諭吉)는『학문의 권장(学問のすすめ)』이라는 저서를 통해 문명의 진보를 이루기 위해 자각하는 시민 의식의 개혁의 필요성을 주장하였다. 의학 부분에서는 노구치 히데요(のぐち ひでよ 野口英世)가 황열병을 연구하였고, 문학부분에서는『나는 고양이로소이다(吾輩は猫である)』의 나쓰메 소세키(なつめ そうせき 夏目漱石),『무희(舞姫)』의 모리 오가이(もり おうがい 森鴎外), 시인인 이시카와 타쿠보쿠(いしかわ たくぼく 石川啄木) 등이 활약하였다.

다이쇼시대에는 의무교육이 보급되어 진학률이 증가하고, 신문, 잡지, 영화 등의 매스미디어가 발달하였다. 이를 배경으로 상류계급에 한정되었던 문화가 대중화되기 시작하였다. 백화점으로 상징되는 소비문화가 형성되고, 1925년에는 라디오 방송도 시작되었다. 미국 대중문화의 영향으로 영화관이나 카페 등 향략적인 문화가 확산되고, 선정적이거나 괴기함이 내포된 문화가 유행하였다. 한편, 산업화의 발전은 빈부의 격차를 증대시켰으며, 도시의 슬럼화도 사회문제로 나타났다. 이러한 사회적 모순은 노동쟁의나 사회주의운동을 일으키는 요인으로 작용하였다.

교육의 발전에 따라 학문도 발전하였는데, 그 중에서도 물리나 화학, 공학 등 자연과학 분야의 연구가 진전되어 화학공업이나 중공업의 발달에 많은 도움을 주었다. 문화의 대중화에 따라 문학에 있어서도 인도주의나 이상주의를 표방하는 시라카바(しらかば 白樺)파라든지 노동자의 고된 삶이나 빈곤을 다룬 프로레탈리아문학, 대중문학 등 다양한 문학이 나타났다. 대표적 작가로는 『나생문(羅生門)』의 아쿠타가와 류노스케(あくたがわ りゅうのすけ 芥川龍之介), 『문신(刺靑)』의 다니자키 쥰이치로(たにざき じゅんいちろう 谷崎潤一郎), 『암야행로(暗夜行路)』의 시가 나오야(しが なおや 志賀直哉) 등을 들 수 있다.

한편, 1914년 일본이 제1차 세계대전에 참전함에 따라 일시적으로 특수 경기가 일어나 급격한 경제성장을 이루었다. 민중생활의 향상은 교육 수요의 증가로 이어졌다. 교육을 받은 식자층(識者層)의 확대는 각 방면에서 민주주의적 자유의 획득을 요구하는 '다이쇼데모크라시(たいしょう 大正デモクラシー)'로 나타났다. 정치면에서는 호헌운동과

정당내각제의 지지, 보통선거제도와 언론, 집회 결사의 자유 등의 운동이 전개되었고, 외교면에서는 해외파병의 중지를 요구하였다. 사회면에서는 남녀평등과 부락차별 해방운동, 동맹파업권과 단결권 획득 등의 운동으로 나타났다. 문화면에서는 자유교육과 대학의 자치권 요구가, 미술단체의 경우 문부성 지배로부터의 독립 등, 다양한 분야에서 다양한 운동이 전개되었다.

쇼와(しょうわ 昭和)문화는 쇼와천황이 재위한 1926년부터 1989년까지의 문화를 말하지만, 제2차 세계대전 종결 전과 후의 시기로 나눌 수 있고, 세계사적 시점에서 본다면 근대와 현대로 시대 구분되고 있다. 전기의 경우, 대도시에서는 근대적 시민문화가 정착되어 가는 시기였지만, 한편으로는 군국주의적 요소가 강하게 영향을 미치는 시기이기도 했다. 후기의 경우는 일본의 항복으로 인한 미국의 점령기와 전후 혼란기, 전후 부흥기로 이어지지만 연합군 최고사령부인 GHQ에 의한 민주화 정책의 영향으로 미국문화가 일본에 대량으로 유입되는 시기로 볼 수 있다.

쇼와시대 초기에는 관동대지진의 여파에 따른 어음의 회수불능으로 인해 1927년에 쇼와(昭和)금융공황이 일어났고, 동북지방의 흉작으로 농촌은 황폐하게 되었다. 경제의 피폐는 정치가에 대한 불신으로 이어졌고 군부에 대한 기대가 높아졌다. 중일전쟁이 시작되자 일본민족의 우월성을 강조함과 동시에 이를 계기로 공산주의와 사회주의 뿐만 아니라 자유주의의 탄압으로까지 이어졌다. 중국 침략으로 인해 영미로부터 소외되자 일본은 독일, 이탈리아와 3국동맹을 맺어 2차 세계대전에 참전을 하고, 진주만공격을 시작으로 태평양전쟁에 돌입하게 된다. 전시상황을 빌미로 국가총력전을 전개하여 모든 자원과 식품을 통제하였고, 전쟁 수행을 위해 대중문화와 전통문화도 모두 정부의 통제하에 두고 관리하였다.

한편, 쇼와시대의 근대 시민문화의 한 양상을 쇼와모던(昭和モダン)이라 부르는데, 1930년대에 꽃피운 화양(和洋)절충의 문화라고 할 수 있다. 미국이나 프랑스 등으로부터 유입된 새로운 문화는 서양문화를 일본화한 문화로 나타났다. 『문예춘추(文芸春秋)』와 같은 종합잡지라든지 엔본(円本)과 같은 1책 1엔이라는 박리다매의 염가 출판물의 확산으로 인한 교양의 대중화, 클래식 음악, 헐리우드 영화의 유행으로 도심지에는 동양극장, 일본극장, 동경극장 등 많은 영화극장들이 만들어졌다. 그리고 휴일에는 터미널역의 백화점에서 쇼핑을 하는 시민생활이 일반화되기 시작하고, 양식 레스토랑과 카페가 인기를 모았으며, 서양식 과자나 음료수 상품 등도 개발되었다.

생활양식에 있어서도 여성의 복장이 기모노(きもの 和服)와 일본식 머리 모양에서 양장 차림 단발머리를 하며 모자를 쓰는 형태로 변해가기 시작하였다. 여성의 사회진출로 '버스걸'이라 불리는 버스 안내양이나 외식산업의 접객업무를 담당하는 웨이트리스(ウェイトレス) 등의 직업여성도 출현하였다. 이들 첨단 서양식 복장을 한 여성을 모던 걸(モダン·ガール[モガ])이라고 불렀다. 하지만 군부의 대두로 인한 정당정치의 종언, 국제관계의 긴장으로 인한 국가총동원령으로 쇼와모던의 문화는 '연약한 사치'로 배척되어 쇠퇴하게 되었다.

6) 현대의 문화

1945년 일본이 포츠담선언을 수락하고 무조건 항복을 하게 되자 미군 주도의 연합군 최고사령부인 GHQ의 통치를 받게 되었다. GHQ는 프레스코드라 칭하는 보도기관 통제 규칙을 통해 언론을 장악하고 검열 등을 통해 군국주의와 반미, 반연합국 관련 보도를 금지하였다. 또한 특권계급과 군국주의자들을 정부 요직으로부터 배제하고 추방하였으며, 농지개혁과 재벌해체 등을 통해 산업과 경제 부분에서 민주화를 진행시켰다. 일본국헌법을 공포하여 천황주권을 국민주권으로 환원시키고, 자유권과 참정권 등 기본적인 인권을 존중하며, 전쟁을 포기하게 하는 평화주의의 3대원칙을 유지하도록 하였다. 전쟁의 패배에 따라 전후 일본인의 점령지나 구식민지로부터의 일본인과 일본군인들의 철수나 귀향으로 인해 일본 경제는 어려움을 더하게 되었다.

한편, 이 시기에 유입된 미국의 근대문화는 일본 국민들의 동경의 대상으로 받아들여졌고, 한국전쟁을 계기로 경제는 전후 부흥기를 맞이하게 되었다. 이후 고도성장기에 진입하게 됨으로써 일본경제는 비약적으로 성장하여 급격한 공업화와 도시화를 이루어 나갔다. 경제 성장에 따른 일본국민의 생활수준의 질적 향상은 전통적인 생활양식이나 문화를 변화시켰다. 하지만, 전후 일본의 문화는 미국문화를 무비판적으로 수용한 것이 아니라 미국문화의 변용을 통해, 애니메이션이나 만화 등을 비롯한 새로운 일본문화를 만들어 나갔다.

쇼와시대 이후의 일본문화는 영국과 미국문화의 영향으로 대중문화, 서브컬처(Subculture), 해커(Hacker)문화, 양키(Yankee)문화, 언더그라운드(Underground)문화 등 다양한 형태의 문화로 분화되었다. 원래 문학, 고전미술, 클래식음악 등의 하이컬처(High culture)는 시간과 돈, 일정한 교양이 필요하였으므로 이를 향유하는 계층은 귀족이나 지식인, 자본가 등으로 한정되었고, 대중이 즐기는 오락은 저급한 것으로 여겨졌다.

하지만 20세기에 들어서면서 대중이 문화를 주도하는 대중사회로 바뀌고, 고등교육을 받은 사람들이 증가함과 동시에 다양한 매체의 확산에 따라 하이컬처의 향유층도 확대되어 갔다. 2차 세계대전 이후에는 글로벌화에 따라 하이컬처인 상위문화와 포퓰러컬처인 대중문화의 경계의 구별이 어려워졌다. 오늘날의 대중문화에는 영화, 드라마, 텔레비전, 대중음악, 뮤지컬, 가요, 대중소설, 연예, 연극, 게임, 축구나 야구와 같은 스포츠 등 거의 모든 분야가 포함된다.

대중문화의 특징은 소수가 아닌 다수를 대상으로 하고 대량생산과 대량소비가 가능하며 대중매체로 전달되므로 확산과 공유 속도가 빠르다. 그리고 특정계층이 아닌 대중화를 지향하므로 대중의 정서와 취향을 반영하는 문화적 평등성이 있고, 여가시간의 휴식과 오락을 제공함으로써 삶의 질을 향상시키는 긍정적인 측면이 있다. 이에 반해 흥미 위주의 자극성과 폭력성을 다룰 가능성이 있어서 문화의 질적 하락을 초래하고, 사고(思考)와 취향을 획일화시킬 수 있으며 정보를 조작할 가능성이 있는 등 부정적인 측면도 존재한다.

한편, 서브컬처는 문화 전반의 내부에 존재하면서 부분적으로 독자적인 특질을 보이는 문화로, 주류문화에 대비되는 개념이며 하위(下位)문화 또는 부차적(副次的)문화라고도 한다. 영미의 경우, 1960년대와 1970년대에 서브컬처에 대한 연구가 진행되었으나, 일본의 경우 서브컬처의 개념이 1980년대에 수입되고 그 개념도 변용되어 하이컬처에 대비되는 것으로 이해되었다. 이는 서구의 서브컬처는 정치적인 문제와 에스닉 마이너리티(ethnic minority)문제를 내포하고 있으나 일본은 그러한 인종차별의 공민권운동이나 반전운동, 소수민족 등의 문제는 사회적 관심의 대상이 아니었기 때문이라 할 수 있다.

1980년대 일본의 서브컬처로는 만화, 애니메이션, 컴퓨터 게임, 오컬트(Occult), 디스코텍(Discotheque), 클럽 뮤직(Club Music), 스트리트 패션(Street Fashion), 공상과학소설, 언더그라운드영화, 성인비디오 등이 유행하였다. 원래 서브컬처 간에는 연결성이 부족했으나, 1990년에 이르면 미디어 믹스라는 이름으로 만화와 애니메이션이 합쳐져 만화가 애니매이션화되며 애니메이션이 소설화되는 등의 현상을 보인다. 이러한 움직임은 대중문화를 애호하고 동질의 취미 집단을 형성하는 '오타쿠(おたく)문화'로 연결되었다.

해커문화란 미국을 중심으로 컴퓨터나 전기회로에 대해 일반인보다 기술적 깊이를 가진 사람들이 그 지식을 활용하여 기술적 문제의 해결을 위해 노력하고 즐기는 집단의 문화이다. 이들은 서브컬처에 흥미를 느끼고 특정의 긍지와 기호, 생활양식을 이어가는 측면이 있으며, 직감적이고 감성적인 특징을 가지고 있다. 특히, 컴퓨터 기술을 바탕으로 프로그램의 개발에 있어서 공동작업보다 개인이나 소수 동호인만으로 놀라운 성과를 달성하기도 한다. 이런 측면에서 해커를, 타인의 컴퓨터 시스템에 무단 침입하여 정보를 탈취하거나 프로그램을 훼손하는 크래커(cracker)와는 구별하기도 한다. 하지만, 일본에서도 개인정보 유출사건이나 불법, 부정으로 제작된 악질적인 코드로 알려진 멜웨어의 유포 등으로 인해 사회문제화되기도 하였다.

양키문화는 일본 국내에 존재하는 집단 문화의 한 형태이며, 양키란 비행소년소녀를 지칭한다. 이들은 주위를 위협하여 강하게 보임으로써 동료로부터 인정받고 싶어하는 불량청소년 집단으로 특유의 복장이나 소비성향의 생활 양식까지도 포함하는 것이다. 그 특징은 일을 해결함에 있어 상대방을 기세로 압도하여 육체적 고통을 동반하는 체벌을 적극적으로 행사하기도 한다. 또한, 집단적으로 일을 수행하고 가족이나 동료 등 주변 사람들을 소중히 여기는 경향이 있으며 디즈니를 좋아하는 모습도 보인다.

언더그라운드 문화는 원래 지하운동을 통한 이전 사회 체제에 대한 반발과 비판 정신을 바탕으로 하는 반체제 활동이라 할 수 있다. 전체주의에 대한 레지스탕스 운동이나 독립운동 등에서 유래를 찾을 수 있는데 1960년대 미국과 유럽을 중심으로 사회의 주류 문화와 권위주의, 주류 보수 계층과 정치인, 자본가들에 대한 반발과 저항에서 시작되었다. 히피 등 젊은이들을 중심으로 한 '카운터 컬처'에 정치적 유대감이 더해짐으로써 크게 발전하였다. 미국의 경우에는 대중 음악과 영화, 현대 미술을 중심으로 많은 영향을 주었다. 이러한 문화는 일본에도 영향을 미쳐 전위 미술이나 예술, 영화나 연극, 암흑 무도 등이 등장하게 되었다.

3강

연중행사와 마쓰리

1) 연중행사

연중행사란 일본을 비롯한 한국, 중국 등의 농경사회에서 매년 특징의 시기에 특정 집단에 의해 반복적으로 행해지는 관례적인 의례이며 행사이다. 일본의 연중행사 중에는 중국이나 한국 등과의 교류의 영향으로 만들어진 외래적인 요소가 내포된 것도 있고, 상층부인 공가(公家)나 무가(武家) 등이 행하였던 행사가 시대적 흐름과 계층 간의 교류로 인해 일반화된 것이 있다. 일본이 농경사회였던 까닭에 도작농경과 관련성이 많고 세시(歲時)나 세사(歲事), 월령(月令) 등으로도 불렸으며, 그 내용이나 종류는 지역이나 집단에 따라 상이함이 있다.

사계절의 도래에 따른 기원이나 염원과 함께 계절의 안녕과 수확의 감사함 등을 비는 원시신앙의 행사와 농경의례, 조상제사, 신도나 불교 혹은 도교 등의 종교 관련 행사 외에 민속적인 것들도 있다. 이들 연중행사는 시대의 필요성에 따라 없어지기도 하고 만들어지기도 하는데, 오늘날에는 건국기념일, 경로의 날과 같은 국민의 축일이나 입학식과 졸업식 같은 행사들도 새로운 연중행사로 행해지고 있다.

대표적인 것으로 마쓰리를 들 수 있는데, 마쓰리는 신을 경외하고 풍요와 번영, 평화를 기원하는 요소가 강하며 종교적이고 신앙적인 성격이 강한 행사였다. 하지만 근래에는 다른 축제와 같이 일본인들이 함께 즐기는 대중놀이적 성격으로 변화하였다. 전국 각 지역의 신사나 절을 중심으로 행하여지기도 하며 일부는 관광상품적 요소가 가미되어 많은 사람들이 즐기는 행사로 변용되기도 하였다.

(1) 쇼가쓰

한 해의 연초인 쇼가쓰(しょうがつ 正月)는 음력 1월을 지칭하는 별명으로, 지난해를 무사히 보냈다는 의미와 함께 새로운 해를 맞이하는 신년맞이 행사라고 할 수 있다. 현재는 1월 1일을 국민의 축일로 제정하여 휴일로 지내고 있지만, 관공서나 일반 회사 등에서는 연말부터 1월 3일까지 휴일로 하는 경우가 많다. 이전에는 신도(神道)의 신인 도시가미(としがみ 年神)나 세신(歲神)에게 그 해의 풍작과 가족의 건강, 장수를 비는 행사였다. 그러나 최근에는 해외여행이나 스키와 같은 취미 활동을 즐긴다든지 호텔에 숙박하며 연휴를 보내는 경우가 많이 늘어나는 추세라 할 수 있다.

① 가도마쓰

지역에 따라 조금 다르지만 연말에 스스하라이(すすはらい 煤払い)

라고 하는 대청소를 통해 집 안팎을 깨끗이 하고 도시가미를 맞이하는 장식을 하는데, 이를 가도마쓰(かどまつ 門松)라고 한다. 가도마쓰는 소나무나 대나무를 잘라 새끼줄로 묶은 의식용 장식물로 정문이나 현관 양옆에 세워두는데, 신령이 나타날 때 매체가 된다고 여기는 것이다. 근래에는 공동 주택의 발달 등의 요인으로 인해 일반 가정에서는 잘 설치하지 않지만 회사나 백화점, 상점 등에서는 아직도 크게 장식을 한다. 장식을 하는 기간은 대개 7일에서 15일 사이로 이 기간을 마쓰노우치(まつ の うち 松の内)라고 부른다.

② 시메나와

가도마쓰 이외에도 다양한 정월 장식들이 있는데, 그 중 몇 가지만 소개하기로 하자. 먼저 시메나와(しめなわ 注連縄)는 신도의 신제구(神祭具)의 하나이다. 주로 신사 입구 등에 설치하며 실을 의미하는 한자의 사(糸)자 모양의 시데(しで 紙垂)를 덧붙인 굵은 새끼줄로 다발을 만들어 묶은 장식으로 신성한 공간과 바깥 세계를 구분짓는 역할을 하는 것으로 여긴다. 과거에는 설날에 자신의 집을 찾아오는 도시가미를 맞이하는 신성한 장소라는 의미로 장식하기도 하였으나 근래에는 간소화되어 현관 정문이나 부엌 입구 등에 시메카자리(しめかざり 注連飾り)나 둥근 원모양의 와카자리(わかざり 輪飾り) 등으로 간단히 장식하는 경우가 많다.

③ 가가미모치

가가미모치(かがみもち 鏡餅)는 매년 정월에 방문하는 신이자 곡물

신인 도시가미에게 바치는 둥근 떡으로 신령의 매체가 된다. 나무 쟁반 위에 흰 종이를 깔고, 크기가 다른 두세 개의 납작하고 둥근 떡을 겹쳐 놓는다. 지역에 따라 그 위에 곶감이나 말린 오징어, 새우, 다시마, 유자 등으로 장식하며 감사와 함께 무병장수를 빈다. 장식하는 장소로는 도코노마(とこのま 床の間)가 가장 좋지만, 없는 가정에서는 현관에서 떨어진 구석진 곳이나 부엌 등을 선택하기도 한다. 최근에는 장식의 편리성과 위생을 고려하여 플라스틱 용기에 넣은 상품을 판매하고 있다. 딱딱해진 가가미모치는 지역에 따라 차이가 있으나 1월 11일경에 나무 망치나 손으로 쪼개어 먹는 행사를 하는데, 이를 가가미비라키(かがみびらき 鏡開き) 혹은 가가미와리(かがみわり 鏡割り)라고 한다.

④ 하쓰모데

정월의 행사로는 하쓰모데(はつもうで 初詣)와 연하장, 오토시다마(おとしだま 御年玉) 등이 있다. 하쓰모데는 섣달 그믐날 늦은 밤부터 원단(元旦)의 아침에 걸쳐 신사나 절 등을 방문하여 한해의 감사와 새해의 안녕, 행복을 기원하는 행사이다. 그 해 처음 참배하기 때문에 하쓰마이리(はつまいり 初参)라고도 한다. 신사나 사찰에 참배를 한 후에는 사무소에서 오마모리(おまもり お守り)라는 부적이나 화살인 하마야(はまや 破魔矢), 풍차, 갈퀴 등을 받거나 오미쿠지(おみくじ 御神籤)를 뽑아서 그 해의 길흉을 점쳐 보기도 한다. 또 에마(えま 絵馬)라 불리는 나무판에 각자의 소원이나 목표를 적어 특정 장소에 걸면서 한 해의 소원성취를 기원한다. 지난해의 부적이나 하마야 등은 신사와 절에서 모아 태운다.

⑤ 연하장

연하장(年賀狀)은 처음에는 연초에 연장자나 친척, 주변 이웃에게 새해인사를 하는 풍습에서 비롯되었는데, 먼곳에 있어 갈 수 없는 경우 문서로 새해인사를 대신하였다. 메이지(めいじ 明治) 4년(1871) 일본의 우편제도가 확립되자 연하장이 이를 대신하게 되었다. 일본의 경우 우체국에서는 일반적으로 12월 15일부터 28일까지 접수된 연하장을 모아두었다가 설날 아침에 각 집으로 한꺼번에 배달을 한다. 따라서 받는 연하장의 수에 따라 사회적 지위나 네트워크의 과다를 말해주는 일면도 있다. 우체국에서 판매하는 연하엽서는 '오토시다마 연하엽서(おとしだまつきゆうびんはがき 御年玉付年賀葉書)'와 '기부금 연하엽서(きふきんつきねんがはがき 寄付金付年賀葉書)'의 두 종류가 있다. 연하엽서의 발행 매수는 2003년 44억 5,936만 매를 피크로 하여 점점 감소하여 2015년에는 30억 2,285만 매로 줄어들었다고 한다. 한 명당 구입 매수를 보면 2003년 1인당 34.9장에서 2015년에는 23.8장으로 감소하였다. 또한 최근에는 휴대전화나 스마트폰의 보급으로 인해 연하엽서 대신 e메일이나 소셜네트워크 서비스를 이용하여 신년인사를 하는 사람들이 많아지고 있는 추세로 보아 향후 연하엽서는 점차 감소할 전망으로 보인다.

⑥ 오토시다마

오토시다마(おとしだま 御年玉)는 신년 아침에 새해 축하를 위해 주는 금품으로, 도시다마라고도 한다. 원래는 도시가미에게 올렸던 떡을 어린이에게 나누어 준 데서 유래되었다. 도시다마의 습관은 중세로까지 거슬러 올라가며 주로 무사는 대도(太刀)를, 상공인은 부채를, 의사는 환약 등을 선물했는데, 에도(えど 江戸)시대부터 오늘날과 같이 돈을 주게 되었다고 한다. 윗사람이 아랫사람에게 주는 것으로 아랫사람이 윗사람에게 보내는 경우에는 오넨가(おねんが 御年賀)라고 한다.

⑦ 오세치요리

정월에 먹는 음식으로는 찬합에 담긴 오세치(おせち 御節)요리와 일본식 떡국인 오조니가 있는데, 약주인 오토소와 함께 먹는다. 오세치는 세치에(せちえ 節会)나 오세치쿠(おせちく 御節供)의 줄임말로 중국의 다섯 명절인 오절공(五節供)에서 유래되었다고 한다. 오절공이란 음력 정월 7일인 인일(人日), 음력 3월 3일인 상사(上巳), 단오, 칠석, 음력 9월 9일인 중양(重陽)의 다섯 명절을 말한다. 오늘날의 오세치요리는 에도시대의 무가의 방식을 중심으로 만들어졌다. 요리는 축하 안주 3종과 조림, 다시마 말이, 홍백 어묵, 초절임 음식, 구이, 토란이나 밤조림 등으로 구성된다. 축하 안주 3종은 관동과 관서지방에서 차이를 보인다. 전자의 경우, 검은 콩과 말린 청어알, 말린 멸치이고, 후자의 경우에는 검은 콩과 말린 청어알에 다진 우엉을 첨가한다. 각각의 음식에는 유래가 있는데 검은 콩은 장수와 건강을, 청어알은 자손 번영을, 멸치는 오곡의 풍요를, 우엉은 풍작과 재난 소멸 등을 기원하는 의미가 있다.

⑧ 오조니

오조니(おぞうに 御雑煮)는 찰떡을 기본 재료로 하여 간장이나 된장 등으로 국물 맛을 내고 채소나 닭고기 어패류 등과 함께 끓여내는 음식이다. 지역이나 가정에 따라 조리법이나 모양, 넣는 재료 등이 다르다. 관동지방의 경우, 간장으로 맛을 낸 국물에 직사각형 모양의 한 번 구운 찰떡을 넣고, 관서지방의 경우에는 황백색의 된장으로 맛을 낸 국물에 굽지 않은 둥근 모양의 떡을 넣고 끓여 먹는다.

⑨ 오토소

오토소(おとそ 御屠蘇)는 설날에 마시는 약주로 지난 해의 나쁜 기운을 물리치고 장수를 바라는 길조의 술이다. 계피, 산초, 도라지, 대황, 붉은 팥 등의 여러 약초와 재료들을 넣어 만든다. 사악한 기운을 물리치고 건강하게 된다는 생각에서 1월 1일 아침에 온 가족이 돌아가며 함께 마시는데, 연소자부터 순서대로 마신다. 현재 중국에는 없는 풍습이지만 당나라에서 유래되었으며 견당사를 통해 헤이안시대에 전해져 궁중 의식에서 사용되던 것이 차츰 서민들 사이에 보급되었다고 한다.

(2) 세쓰분

세쓰분(せつぶん 節分)이란 계절을 나눈다는 의미이지만, 에도시대 이후에는 새해의 첫 절기인 입춘(2월 4일)의 전날을 지칭하게 되었다. 환절기에 발생하기 쉬운 병이나 재해는 악귀에 의해 생긴다는 생각과

이 악귀를 곡물의 신령한 힘으로 쫓을 수 있다는 신앙에서 행해지는 행사라고 할 수 있다. 이 날 신사나 절에 많은 참배객이 모여드는데, 이 때 승려나 간누시(かんぬし 神主)는 제단에 콩을 바치고 독경과 기도를 한 후에 복은 안으로 들어오고 귀신은 물러가라는 의미로 "후쿠와 우치, 오니와 소토(ふくはうち おにはそと 福は內,鬼は外)"라는 소리를 외치면서 바깥을 향하여 볶은 콩을 뿌리고 귀신을 내쫓은 뒤에는 문을 닫는다.

세쓰분은 남자아이에게 인기가 있으며 온 가족이 함께 즐기는 연중행사라고 할 수 있다. 특히 유치원이나 초등학교에서는 아이들이 그린 도깨비 탈을 아버지가 쓰고 있으면 아이들이 "귀신은 밖으로 복은 집안으로"라고 하며 볶은 콩을 뿌리며 즐기기도 한다. 최근에는 인기 탈렌트나 배우들을 초대하여 경내의 신도나 구경하는 사람들에게 콩을 뿌리는 행사를 한다. 콩을 뿌리는 이유는 옛날 일본인들은 오곡(쌀, 보리, 콩, 피, 조)에는 곡령(穀靈)이 머물고 있다고 믿는 원시신앙을 가지고 있었다. 그러므로 오곡의 하나인 콩의 신령으로 악령을 쫓는다는 의미가 담겨져 있다.

(3) 히나마쓰리

여자아이의 건강과 행복을 기원하는 히나마쓰리(ひなまつり 雛祭)의 기원에 대해서는 중국에서 전래된 헤이안시대의 귀족 자녀들의 소꿉놀이에서 유래를 찾기도 하고, 부정함이나 재앙을 인형에 옮겨 정화하려는 풍습에서 찾기도 한다. 에도시대까지는 상사(上巳)인 음력 3월

3일에 지내다가 메이지시대에는 양력 3월 3일로 바뀌어 오늘날까지 이어지고 있다. 음력 3월 3일은 복숭아 꽃이 피는 시기이기 때문에 '모모노셋쿠(もものせっく 桃の節句)'라고도 한다.

처음에는 놀이였던 것이 에도시대에 이르러 히나인형을 집안에 장식하게 되었는데, 이후 전국적으로 확산되었다. 또 에도시대에는 9월 9일의 중양절에 다시 한 번 히나인형을 장식하는 풍습도 있었다. 제단(祭壇)에 일본 옷을 입힌 작은 인형들을 진열하고 떡과 백주(白酒), 과자, 복숭아꽃 등을 차려 놓고 축하한다.

이들 음식에는 각각의 의미가 있다. 마름모 모양의 떡인 히시모치(ひしもち 菱餅)는 지역에 따라 차이는 있지만 적색, 백색, 녹색의 3색이 많다. 치자나무 열매의 붉은 색으로 물을 들인 떡은 복숭아 꽃을 나타내고 아이의 건강을 축하하는 의미가 있다. 흰떡은 잔설(殘雪)을 나타내고 맑고 깨끗함을 뜻한다. 녹색의 떡은 초봄에 돋아나는 새싹을 비유하며 쑥의 새싹으로 불결함을 없앤다는 의미를 담고 있다.

시로자케로 불리는 흰 색깔의 술인 백주는 히나마쓰리를 축하하기 위한 술로 알콜 성분이 낮은 술이다. 모모노셋쿠에 바쳐지는 히나아라레(ひなあられ 雛霰)는 쌀알을 튀겨 만든 백색, 녹색, 연분홍색의 일본과자로 백색은 눈, 녹색은 나무의 싹, 연분홍색은 생명을 의미한다. 함께 차려지는 축하 음식인 지라시즈시(ちらしずし 散らし寿司)는 초밥에 여러 종류의 재료를 흩뿌린 듯이 만든 밥이다.

처음에는 방의 다다미 바닥에 인형을 나열하여 즐겼지만 차차 인형 전용의 장식단을 만들어 장식하게 되었다. 장식단은 일반적으로 3단과 5단이 많지만 쇼와(しょうわ 昭和)시대의 고도경제성장기에는 7단,

8단도 만들어 판매하는 경우도 있었다. 하지만 주거 형태가 아파트로 바뀌고 방이 협소할 경우에는 왕과 왕비를 상징하는 남녀 인형 한 쌍만 둔다든지, 남녀 한 쌍의 인형과 3인의 궁녀만으로 간략하게 장식하기도 한다. 장식 인형의 모습이나 소품은 지역이나 회사의 제품에 따라 조금씩 차이를 보이기도 한다.

장식 인형의 배치는 첫째 단에 두는 인형을 다이리비나(だいりびな 內裏雛)라고 한다. 남자와 여자 한 쌍의 인형을 두는데, 왕과 왕비를 상징한다. 인형을 바라보고 왼쪽에 두는 남자인형은 관을 쓰며 칼을 찬 띠를 매고 손에는 홀(笏)을 잡고 있다. 오른쪽 여자인형은 쥬니히토에(じゅうにひとえ 十二單)라 불리는 옛날 궁녀들의 정장을 하고 머리에는 비녀를 꽂고 손에는 나무부채를 들고 있다.

둘째 단의 인형은 3명의 궁녀를 뜻하는 산닌칸죠(さんにんかんじょ 三人官女)라고 불리는 인형을 배치하는데, 궁녀의 손에는 각각 도구가 들려 있다. 중앙에 앉아 있는 궁녀가 리더격으로 음식물을 받쳐 내놓는 굽 달린 쟁반을, 왕비 인형 쪽의 궁녀는 자루가 긴 술 국자를, 왕 인형 쪽의 궁녀는 손잡이가 달린 작은 냄비 모양의 술 주전자를 들고 있다.

셋째 단의 인형은 고닌바야시(ごにんばやし 五人囃子)라고 하여 일반적으로 노(のう 能)에서 흥을 돋우기 위해서 음악을 연주하는 악사를 표현한 것이다. 오른쪽부터 노래하는 인형, 피리, 작은북, 중간북, 큰북의 순으로 배열한다. 경우에 따라서는 아악(雅楽)을 연주하는 악사를 표현하기도 하는데, 이 때는 갈고라는 북과 큰북, 생황, 피리, 횡적이라는 피리 등을 들고 있다.

넷째 단은 즈이진 혹은 즈이신(ずいしん 隨身)으로 불리는 인형으로, 옛날에 귀인이 외출을 할 때 호위하던 무관을 표현한 인형이다. 우대신과 좌대신으로 불리는 지위가 높은 무사이다. 오른쪽의 인형이 좌대신이고 연장자이며 왼쪽의 인형은 우대신으로 젊은이를 나타낸다.

다섯째 단의 인형은 지쵸(じちょう 仕丁)라고 불리며 3인 1조의 시종 또는 병사로 표현되는데 일종의 궁중 잡용직이라 할 수 있다. 관동과 관서지역에서 다소 차이를 보인다. 관동의 경우 양산, 신발, 우산을 맡는 역할을 하는 사람들로 표현하며, 관서의 경우에는 대나무 비, 쓰레받기, 갈퀴를 든 사람들로 대신하기도 한다.

(4) 단고

일본에서 단고(たんご 端午)는 히나마쓰리와 함께 오절구(五節句)라고 불리는 다섯 명절의 하나이다. 오절구라 함은 음력 정월 7일인 인일(人日), 3월 3일인 상사(上巳), 5월 5일인 단오, 7월 7일인 칠석, 9월 9일인 중양(重陽)을 말한다. 절(節)이란 계절이 바뀌는 시기라는 의미로 셋쿠(せっく 節句)는 절공(節供)이라고도 표기하며 환절기에 오곡의 풍요와 무병 안녕, 자손 번영 등을 바라는 행사이다. 그리고 사악한 기운을 없애기 위해 신에게 올리는 음식을 의미하는 것이기도 하다. 중국에서 유래된 단고는 액막이의 의미가 있는 창포(菖蒲)로 문이나 집안을 장식하였기 때문에 창포절이라고도 한다.

고대 일본에서는 음력 5월을 사쓰키이미(さつきいみ 皐月忌み)라 하여 부정한 달로 여겨 꺼리는 습관이 있었다. 이 부정을 씻기 위해 여성

들이 창포와 쑥으로 이어 만든 집에 함께 모여 액막이를 하였다. 또한 5월은 당시 여성들의 일이었던 모내기가 행해지는 시기이므로 모내기를 시작하기 전에 몸을 깨끗이 해야 한다는 풍작 기원의 의미도 가미되었다. 따라서 창포의 명절은 여자의 명절이라 할 수 있다.

하지만 무가사회에 들어서면서 그 잎 모양이 칼날과 비슷하고 창포의 일본음이 '쇼부(しょうぶ)'로 상무(尙武)와 음이 같기 때문에 남자아이의 명절로 인식하게 되었다. 에도시대에 이르면 실내에는 남자아이의 성장과 건강을 축하하기 위해 갑옷이나 투구, 칼이나 오월인형(五月人形)이라 불리는 무사 차림의 인형들을 장식해 두고, 실외에는 장대에 천이나 종이로 만든 잉어 모양의 깃발을 세워 남자아이의 입신양명을 기원하는 행사로 바뀌었다. 이는 폭포를 거슬러 오르는 잉어가 출세를 상징하는 물고기로 여겨졌기 때문이다.

오늘날은 일본에서 남자아이의 탄생과 건강한 성장을 기원하는 행사가 되었다. 따라서 히나마쓰리는 여자아이의 명절, 단오는 남자아이의 명절이라 할 수 있다. 이전에는 음력 5월 5일의 행사였으나 오늘날에는 양력 5월 5일이며 국가 경축일인 '어린이날'로 지정되어 있다. 1948년 지정된 '어린이날'의 법조문 취지에 "어린이의 인격을 존중하고, 어린이의 행복을 목적으로 함과 동시에 어머니에게 감사한다."는 말이 들어간 것은 여성의 명절인 단오절과 연관성을 둔 것으로 생각할 수 있다.

(5) 다나바타

에도시대 오절구의 하나인 다나바타(たなばた 七夕)는 일본뿐만아니라 한국, 중국, 대만, 베트남에도 있는 명절이다. 다나바타는 별축제인 호시마쓰리(ほしまつり 星祭り) 혹은 조릿대를 의미하는 사사노셋쿠(ささのせっく 笹の節句)라고 부르기도 한다. 원래 음력 7월 7일 밤의 행사로 7월 보름의 조상을 맞이하는 우란분재인 오봉(おぼん 御盆)과 관련이 있는 연중행사였지만, 메이지시대에 서양력이 도입되어 실시되면서 관련성이 옅어졌다. 제사는 음력 7월 6일 밤부터 7월 7일 새벽에 걸쳐 행해지는데, 이때가 견우성과 직녀성, 은하수가 가장 잘 보이는 시간대라고 한다. 현재는 지역에 따라 양력 7월 7일이나 8월 7일 전후에 개최하고 있다.

칠석 이야기는 은하수 동쪽의 직녀와 서쪽의 견우 부부가 일을 하지 않아 옥황상제의 노여움을 사서 별거하고 있다가 일년에 한 번 칠월 초이렛날 밤에 만나게 되었다는 중국 한(漢)나라의 전설에서 유래되었다. 이 이야기를 바탕으로 칠석날 밤에 여자들이 직녀성에게 자수나 뜨개질 등의 수예의 기능이 향상될 수 있도록 기원하는 의식인 걸교전(乞巧奠)이 만들어졌다. 이 행사가 나라시대에 중국으로부터 전해져 베짜는 여인의 이야기인 다나바타쓰메(たなばたつめ 棚機津女)라는 일본의 전설과 합쳐지게 되었다. 이런 연유로 칠석을 '시치세키(しちせき 七夕)'라 읽지 않고 '다나바타'라고 읽는다.

칠석 행사 때에는 자신의 소원을 적은 단자쿠(たんざく 短冊)라는 직사각형의 길고 가느다란 오색 종이를 조릿대에 묶어 집의 처마 밑에 장식해 둔다. 수예 기능의 향상을 위해 와카(わか 和歌)를 적은 단자쿠와 함께 공물을 바치며 기원하는 행사는 원래 궁중에서 행하던 행사였는데, 이것이 서민에게 퍼진 것은 에도시대부터이다. 에도시대에는 서당인 데라코야(てらこや 寺子屋)의 보급과 동반하여 서민들도 습자나 재봉 등의 향상을 기원하는 걸교전으로 확산되게 되었다. 오늘날의 다나바타는 상업적 이벤트로서 상점가에서는 화려하게 장식해 둠으로써 관광객이나 구매 손님을 위한 행사로 활용되기도 한다.

(6) 오봉

오봉(おぼん 御盆)은 여름에 행해지는 불교행사로 우란분회(盂蘭盆会) 혹은 우란분의 약자이다. 조상이나 부모, 돌아가신 분들의 영혼을 제사하는 행사로 고대 일본의 조상 숭배 신앙과 불교적 요소가 가미된 것이라고 할 수 있다. 석가모니의 제자 중의 한 사람인 목련존자(目連尊者)가 아귀도에 떨어진 죽은 어머니를 공양한 데서 유래하였다고 한다. 예전에는 음력 7월 15일을 중심으로 행해졌지만 지금은 양력 8월 13일부터 16일까지 4일간 행하는 경우가 많고, 지역에 따라서는 양력 7월 중순에 행하기도 한다.

죽은 사람의 49제가 끝난 후에 최초로 맞이하는 오봉을 하쓰봉(はつぼん 初盆) 혹은 아라봉(あらぼん 新盆)이라고 하여 특별히 대우를 하고, 집의 출입구나 무덤에 백색의 등롱을 세워둔다. 하쓰봉 이외의 무덤에는 백색과 적색이 들어간 등롱을 세워 공양한다. 행사의 진행은 13일 저녁에 조상의 혼백을 맞이하는 불을 피우며, 이 기간에 승려를

불러 독경을 하고 음식을 공양한다. 16일 저녁에는 조상의 혼백이 무덤으로 다시 돌아갈 수 있도록 불을 피운다. 지역에 따라서는 오이나 가지에 나무젓가락을 꽂아 말이나 소 모양의 정령마(精霊馬) 인형을 만들어 장식하기도 한다.

오봉 기간은 조상의 영혼을 제사하는 종교적 기능 외에도 성묘를 하기 위해 고향으로 귀향하는 많은 일본인들이 재회하는 친목의 역할도 한다. 그 중의 하나가 16일 밤에 행하는 축제의 절정이라고 할 수 있는 봉오도리(ぼんおどり 盆踊り)이다. 남녀노소가 사찰 경내에 모여 춤을 추는데, 이것은 지옥에서 고난을 면한 망자들이 기뻐 춤추는 형상을 흉내내는 것이라고 한다. 일반적으로 16일은 보름 다음날이기 때문에 날씨가 맑을 경우 밤새도록 즐길 수 있다. 최근에는 종교적 행사가 아니라 지역 사람들이 많이 모일 수 있는 역 광장과 같은 넓은 장소에 망루를 세운다든지 노점상들을 오게 하는 등 오락적인 요소를 더하여 축제 분위기의 행사로 만들어가기도 한다.

(7) 쓰키미

쓰키미(つきみ 月見)란 음력 8월 15일과 9월 13일 밤에 보름달 구경을 하는 연중행사이기 때문에 쥬고야(じゅうごや 十五夜) 혹은 쥬산야(じゅうさんや 十三夜)라고도 한다. 쥬고야에 달을 보면서 술을 주고받는다든지 배 위에서 시가를 읊고 악기를 연주하며 즐기는 풍류는 헤이안시대 중국에서 전래되어 귀족들 사이에서 확산되었다. 서민들의 풍류가 된 것은 에도시대 이후라고 한다.

이 시기는 벼가 익고 농작물의 수확이 시작되는 시기이기 때문에 달의 신에게 감사함을 표하기 위해 달이 보이는 툇마루 등에 책상을 놓고 그 위에 계절의 채소나 경단 등의 공물을 바치기도 하였다. 공물은 지역에 따라 다르기도 하지만 억새, 쓰키미당고(つきみだんご 月見団子)와 함께 농작물로는 고구마, 밤, 콩(えだまめ) 등을 바친다. 참억새 꽃은 벼 이삭과 비슷하며 액막이의 의미가 있다. 둥근 경단은 달을 상징하며 경단의 수는 15개를 피라밋 형태로 쌓아 올린다. 제일 위의 경단은 영계(霊界)와의 사다리를 의미한다고 한다.

쇼와(しょうわ 昭和)시대부터 아이들이 이웃집에서 공물로 바쳐진 쓰키미당고나 농작물을 사람들에게 들키지 않게 훔쳐먹게 하거나 보더라도 모른 체하며 수확의 기쁨을 기원하는 오쓰키미도로보(おつきみどろぼう 御月見泥棒)라는 풍습도 있다. 음력 8월 15일은 중추(仲秋, 中秋)라고도 하는데, 이것은 음력 7월을 초추, 8월을 중추, 9월을 만추로 3구분 할 때 중간에 위치하기 때문이다. 만월을 보(ぼう 望)라고도 하며, 달이 구름에 가려 보이지 않으면 무게쓰(むげつ 無月), 비가 내리면 우게쓰(うげつ 雨月)라고 표현하기도 한다.

(8) 시치고산

시치고산(しちごさん 七五三)이란 7세, 5세, 3세 어린이가 음력 11월 15일에 신사나 절에 참배하여 성장을 축하받는 일본의 연중행사이다. 에도시대 중기에 도쿠가와 장군의 아들의 건강을 기원한 것이 시작이라고 한다. 이후 에도에서 교토, 오사카 등 전국적으로 확산되었다. 음

력 15일은 귀신이 돌아다니지 않는 좋은 날이고, 11월은 수확을 마쳐 신에게 감사를 드리는 달이기 때문에 11월 보름에 조상신에게 수확의 감사와 함께 자손의 성장을 감사하고 보살핌을 기원하는 것이다.

각 연령과 의미는 지역에 따라 조금씩 차이는 있지만, 발상지인 관동지방에서는 한국 나이 3세(만 2세)의 남녀 어린이의 '머리를 기르게 하는 의식(かみおきのぎ 髮置きの儀)'을 한다. 이것은 에도시대에는 3세까지 머리를 깎는 풍습이 있었기 때문이다. 5세가 되면 '하카마(はかま 袴) 의식'이라고 하여 남자아이에게 바지를 입히기 시작한다. 7세가 되면 '오비토키(おびとき 帶解き) 의식'이라고 하여 여자아이에게 성인과 같은 폭이 넓은 띠를 매기 시작하게 하는 것이다. 연령은 이전에는 만년령이 아니었으나, 요즘에는 만년령으로 하는 경우도 있고 복장은 일본식이나 서양식이나 상관이 없다.

시치고산 때에 부모가 아이들에게 치토세아메(ちとせあめ 千歲飴)나 풍선, 솜사탕 등을 주기도 한다. 치토세 사탕을 주는 이유는 말 그대로 '천년' 즉, 오랫동안 장수하라는 의미이며 사탕모양은 길고 가늘며 재수가 좋은 홍백의 색을 띠고 있다. 또한 치토세아메를 줄 때에는 학이나 소나무, 대나무, 매화 등 상서로운 동식물 문양의 봉투에 넣어 준다.

(9) 세이보

세이보(せいぼ 歳暮)는 연말을 지칭하며 사이보, 혹은 도시쿠레(としくれ 歳暮れ), 사이마쓰(さいまつ 歳末), 사이반(さいばん 歳晩) 등으로 표기하기도 한다. 연말에 한 해동안 도움을 받았던 주변 사람에게 감사를 표하는 행사이다. 이러한 감사를 표하는 행위는 오츄겐(おちゅうげん 御中元)과 함께 2번 행해지므로 두 개를 합쳐 봉세이보(ぼんせいぼ 盆歳暮)라고도 한다. 기간은 일반적으로 오츄겐이 7월 초순에서 중순 사이이고 오세이보는 12월 중순에서 하순 사이이다.

그 기원은 오봉이나 연말에 조상의 혼령에게 제사지내는 미타마마쓰리(みたままつり 御魂祭) 때에 자손들이 각자 음식을 지참하여 오는 풍습에서 유래되었다고 한다. 지참한 물품은 제사 때 사용하는 음식으로 주로 소금에 절인 생선이 많았다. 이러한 풍습이 에도시대에 들어와 상거래 관습과 더불어 사교적인 행사로 의례화되어 선물을 주고받는 형태로 변형되어갔다. 주고받는 물품은 식품을 비롯한 각종 일상용품이 주류를 이룬다. 주로 자식이나 아랫사람이 부모나 연장자에게 보내면 윗사람들이 다시 선물로 돌려주는 식이 일반적이다.

원래는 오세이보를 직접 지참하여 감사 인사와 함께 전달하는 것이 예의였으나, 오늘날에는 백화점이나 상점 등에 부탁하여 택배 등으로 보내는 경우가 대부분이다. 대상은 주로 평상시에 도움을 받고 있는 사람이나 거래처, 결혼한 경우에는 양가 부모, 직장 상사, 결혼 중매인인 나코도(なこうど 仲人), 형제나 자매, 친척, 아이의 학원선생 그리고 감사의 뜻을 전하고 싶은 친구나 지인 등이다.

(10) 도시코시소바

도시코시소바(としこしそば 年越し蕎麥)란 오미소카(おおみそか 大晦日)인 12월 31일 밤에 먹는 메밀국수를 말한다. 지역에 따라 차이가 있고 외식을 하는 경우도 있지만, 31일이 지나기 전에 집에서 먹는 것이 일반적이다. 소바는 가늘고 긴 음식이기 때문에 길고 가늘게 오랫동안 건강하고 장수하라는 의미와 함께, 다른 면종류에 비하여 쉽게 끊어지기 때문에 한 해의 재앙과 액운을 잘라 버린다는 의미가 내포되어 있다고 한다.

그 유래에 대해서는 1814년의 『대판번화풍토기(大坂繁花風土記)』에 오사카에서 12월 31일에 도시코시소바를 먹었다는 기록에서 찾기도 한다. 이 시기에 오사카에서 도시코시소바를 먹는 행위가 일반화되었다고 한다면, 관서지방은 우동, 관동지방은 소바라는 말이 있듯이 도쿄지방에서는 이보다 더 빠른 시기에 정착되었을 것으로 유추할 수 있다.

다른 설로는 에도시대 중기에 상인들이 미소카소바(みそかそば 三十日蕎麥)라고 하여 월말에 소바를 먹는 풍습이 있었는데, 이것이 연말의 오미소카에 도시코시소바를 먹는 형태로 바뀌었다고 하는 것이다. 한편, 당시 에도에서는 정제된 흰쌀밥을 많이 먹을 때 발생하는 비타민 B1 결핍으로 인한 각기병이 유행하였으므로 소바는 각기병 치료에 도움이 된다는 풍문도 소바 음식을 정착시키는 데 일조를 하였다고 한다. 관서보다 관동에서 소바를 즐긴다는 점은 만담인 라쿠고(らくご 落語)의 상연 종목 가운데 유명한 관서지방의 '도키우동(ときうどん 時饂飩)'이라는 이야기가 관동지방에서는 '도키소바(ときそば

時蕎麥)'라는 이름으로 상연되는 것에서도 에도지방의 소바에 대한 친밀감을 엿볼 수 있다.

2) 일본 3대 마쓰리

마쓰리(まつり 祭)란 신불이나 조상에게 공물을 바치며 풍요에 대한 감사와 기원을 하거나 원령의 액막이를 위한 의식이라 할 수 있다. 제사(祭祀), 제의(祭儀), 제례(祭礼) 등으로 표기하기도 한다. 마쓰리는 세계 각지에 다양한 형태로 존재하지만 수확제가 그 원형으로 보인다. 농경민족의 경우에는 한 해 농사의 수확물을, 수렵민족의 경우에는 사냥감을 신에게 바치며 기원하는 의례에서 유래되었으나, 이후 토착신앙이나 종교와 결합함으로써 종교적인 행사로 변형되기도 하였다. 현재 일본에도 각 지역별, 시기별 혹은 신사나 사원 별로 다양한 마쓰리가 존재하기 때문에 그 숫자는 수십만 개가 넘을 것으로 추측되지만, 여기서는 일본을 대표하는 3대 마쓰리에 대해 살펴보기로 한다.

(1) 도쿄 간다마쓰리

히에(ひえ 日枝)신사의 산노마쓰리(さんのうまつり 山王祭)와 도미오카하치반(とみおかはちばん 富岡八幡)궁의 후카가와마쓰리(ふかがわまつり 深川祭)와 함께 에도시대 3대 마쓰리의 하나로 일컬어지는 도쿄 간다마쓰리(とうきょう かんだまつり 東京 神田祭)는 오사카의 덴진마쓰리, 교토의 기온마쓰리와 함께 일본의 3대 마쓰리의 하나이다. 지요다(ちよだ 千代田)구에 있는 간다신사에서 행해지며, 원래는 음력 9월 15일에 행해졌지만 지금은 5월 15일 경에 행해진다. 간다신사는 에도시대를 연 도쿠가와 이에야스(とくがわ いえやす 徳川家康) 장군이 세키가하라(せきがはら 関ヶ原) 합전을 앞두고 전쟁의 승리를 기원한 곳으로 알려져 있다. 이 전투에서 승리하여 천하통일을 이루었기 때문에 이에야스가 이 신사를 소중하게 생각하였다. 이후 간다묘진(かんだみょうじん 神田明神)은 도쿠가와 가문의 수호신으로 자리매김하게 되었다.

이런 연유로 이후 간다마쓰리는 역대 도쿠가와 집안의 장군들이 관람할 정도로 화려하며 성대하였고, 장군을 위해 장식한 수레인 산샤(さんしゃ 山車)가 에도성 안에 들어왔기 때문에 덴카마쓰리(てんかまつり 天下祭)라고도 불렸다. 이후 산샤는 메이지(めいじ 明治)시대의 도쿄의 근대화에 따른 전선의 보급과 관동대지진, 도쿄대공습 등으로 인해 모두 소실되었다. 지금은 108개의 자치회에서 간다묘진을 모시는 200여개의 크고 작은 가마인 미코시(みこし 神輿)를 지역주민들이 어깨에 메거나 끌고 가며 축제 분위기를 북돋운다. 미코시를 만들 때에는 자치회의 주민뿐만 아니라 일반기업이나 은행, 상공인들도 행사 비용을 제공하는 등 함께 참가하기 때문에 서민의 마쓰리로 자리잡고 있다.

(2) 오사카 덴진마쓰리

일본 3대 마쓰리의 하나인 오사카 덴진마쓰리(おおさか てんじんまつり 大阪 天神祭)는 학문의 신으로 알려진 스가와라 미치자네(すがわら みちざね 菅原道真)를 주신으로 모시는 곳이다. 덴진(てんじん 天神)사라고도 불리는 덴만(てんまん 天満)궁에서 그가 죽은 날인 25일을 전후하여 개최되는 축제로 전국 각지에서 행해지고 있다. 각 지역의 덴진마쓰리 가운데 오사카 덴만궁에서 행해지는 덴진마쓰리가 가장 유명하다. 오사카 덴진마쓰리는 다른 마쓰리와는 달리 배와 강에서 행해지는 특색이 있으며, 6월 하순의 길일부터 시작하나 7월 24일과 25일 이틀간이 가장 절정을 이루는 오사카의 대표적인 여름 축제의 하나이다.

이 중 가장 볼만한 25일 행사를 보면, 먼저 비와(びわ 琵琶)호에서 오사카만으로 흐르는 오가와(おおがわ 大川)에 가미호코(かみほこ 神鉾)라는 미늘창을 떠내려 보내어 신위(神位)가 머무는 장소를 찾는 호코나가시신지(ほこながししんじ 鉾流神事)라는 의식을 행한다. 신령이 머물 장소가 확정이 되면 덴만궁 본전에서 큰 북을 치면서 봉황으로 장식한 고호렌(ごほうれん 御鳳輦)이라는 가마에 신령을 태워 강가까지 옮기는데, 이를 '리쿠토교(りくとぎょ 陸渡御)'라고 한다. 강가에서 배로 신령이 머물 장소로 옮기는 것을 '후나토교(ふなとぎょ 船渡御)'라고 한다. 후나토교에는 100여대의 배가 동원이 되어 장관을 이룬다. 이 행사는 저녁 6시경에 행해지는데, 신에게 헌납하는 불꽃놀이인 하나비(はなび 花火)를 쏘아 올리기 때문에 배를 밝히는 횃토불과 등

롱의 불빛은 물과 함께 어우러져 화려함을 연출한다.

(3) 교토 기온마쓰리

교토(京都) 기온마쓰리(ぎおんまつり 祇園祭)는 교토시 히가시(ひがし 東)구에 있는 야사카(やさか 八坂)신사의 여름의 풍물시로 원래는 음력 6월에 행하였으나 지금은 화려한 행사를 중심으로 7월 1일부터 한 달간 진행된다. 오사카 텐진마쓰리, 도쿄 간다마쓰리와 함께 일본의 3대 마쓰리로 불리는 행사이다. 9세기부터 시작된 역사성을 가지며 기온마쓰리라는 명칭은 고대 신불습합(神仏習合)시대에는 야사카신사가 히에이잔(ひえいざん 比叡山)에 속한 기온샤(ぎおんしゃ 祇園社)였던 데에서 유래한다. 기온이란 석가모니가 설법을 행한 5개 사원 중의 하나로 불교와 관련이 깊은 이름이라 할 수 있다. 이후 메이지시대의 신불분리령(神仏分離令)으로 인해 신사 이름을 야사카신사로 바꾸었다. 또한 제사의 예식도 기원어령회(祇園御霊会)라고 부르던 것을 기온마쓰리로 하였다.

어령회란 역신(疫神)이나 한을 품은 원령을 진혼하기 위한 제사로 863년 교토의 신천원(神泉苑)이라는 사원에서 시작되었다. 이후 869년 교토에 역병이 유행하여 많은 사람이 죽자 기온정사의 수호신으로 신불습합의 신인 우두천황(牛頭天皇)을 제사하여 역마를 퇴치하고 무병건강함을 기원하는 행사로 정착하게 되었다. 2009년 유네스코 무형문화유산으로 등재된 '교토 기온마쓰리의 야마보코(やまぼこ 山鉾)행사'의 하이라이트는 33기의 야마보코의 순행이 행해지는 17일의 전제(前

祭)와 24일의 후제(後祭)라고 할 수 있다.

7월 17일은 신령이 행차하는 신행제(神幸祭)로 신령이 머물고 있는 신체(神体)나 매체물 등을 미코시(みこし 神輿)라는 가마에 옮겨 23기의 야마보코와 함께 순행을 한다. 24일에는 순행을 끝내고 10개의 야마보코와 함께 본사로 돌아간 신령을 미코시에서 신사의 건물로 옮기는 환행제(還幸祭)를 행한다. 2014년에는 49년만에 17일의 전제 순행과 24일의 후제 순행의 2번의 순행이 복원되기도 하였다. 지금은 교토시 전체의 축제로서 자리를 잡고 있다.

4강

전통문화

전통이라는 용어를 한 마디로 정의하기는 어렵지만, 한 나라에서 만들어져 세대를 초월하여 사회 구성원 전체에게 공유되고 계승되는 정신이나 오랜 세월에 걸쳐 만들어진 행동양식과 사고, 습관 등으로 고유한 가치가 내포된 것이라고 볼 수 있다. 그런 의미에서 본다면 전통문화를 어떻게 해석하고 받아들이느냐에 따라, 그리고 그 주체가 누구이냐에 따라 그 종류라든지 범위가 달라질 수 있을 것이다. 일본에도 다양한 전통문화가 존재하지만, 여기서는 대표적인 일본의 전통문화로서의 다도와 화도에 대해 살펴보기로 한다.

1) 다도

다도(茶道) 는 일본어로 사도(さどう) 혹은 챠도(ちゃどう)라고 하는데, 물을 끓여 차를 접대하는 행위를 양식화하여 예법으로 만든 것이다. 일반적으로 일본의 다도라고 하면 가루로 된 말차(抹茶)를 사용하

는 것을 지칭하지만, 찻잎을 다기(茶器)에 담고 끓인 물을 부어 우려내는 전차(煎茶)도 포함된다. 헤이안시대에 중국의 차 마시는 습관과 제조법이 견당사를 통해 일본에 전해졌다. 초기에는 주로 승려들 사이에서 기호품이 아니라 약과 같이 덩어리 형태의 차를 필요량만큼 조금씩 떼어 달여 마셨다고 한다.

가마쿠라(かまくら 鎌倉)시대에 승려 에이사이(えいさい 榮西)가 선종과 함께 차를 가져와 규슈지역에 심었고, 그 씨앗을 교토의 우지(宇治) 지역에 심게 한 것이 우지차의 기원이 되었다. 이후 차 재배가 보급됨에 따라 차 마시는 습관이 퍼져 나가 무사계급에도 차츰 전해졌다고 한다. 무로마치(むろまち 室町)시대에 이르면 마시는 차의 브랜드를 알아맞히는 투차(鬪茶)라는 일종의 도박이 유행하기까지 하였다. 또한 다이묘(だいみょう 大名) 사이에서는 중국 다기의 수집이나 차를 마시는 모임인 다회가 유행하기도 하였다. 이후 무라타 슈코(むらたしゅこう 村田珠光)에 의해 주인과 손님의 정신적 교류를 중시하는 와비차(わびちゃ 侘茶)가 만들어지고, 이 예법은 아즈치모모야마(あづちももやま 安土桃山)시대의 센노리큐(せんのりきゅう 千利休)에 의해 완성되었다.

에도시대 초기까지는 차를 마시는 계층이 다이묘나 부유한 상인들로 한정되었지만, 중기 이후 도시민인 쵸닌(ちょうにん 町人) 계급의 경제적 축적에 동반하여 차 인구가 급속도로 늘어났다. 이를 배경으로 오모테센케(おもてせんけ 表千家), 우라센케 (うらせんけ 裏千家), 무샤코지센케(むしゃこうじせんけ 武士小路千家) 등으로 일컬어지는 산센케(さんせんけ 三千家) 등 다양한 유파가 만들어져 서민계층에까지 확산되었다. 이에 유파를 이어가는 본가의 개념인 이에모토(いえもと 家元)제도가 조직되고 문하생 수련을 위해 다도 기술을 익히는 게이코(けいこ 稽古) 방법과 차를 즐기는 7가지 법식 등도 고안되었다. 에도시대 말차의 다도는 무가사회의 교양이 되었지만 말기에 이르면 전차의 작법도 추가되어 오늘날에 전해지고 있다.

와비차를 완성한 센노리큐는 다도의 마음가짐을 다음과 같은 사규칠칙(四規七則)으로 설명하고 있다.

4규란 화경청적(和敬清寂)의 정신을 말하는데,

화는 서로 사이좋게 화합하는 마음
경은 서로 존경하는 마음
청은 겉모습이 아닌 정신을 청결하게 하는 마음
적은 무슨 일이 있어도 동요하지 않는 평온한 마음
을 가리킨다.

7칙은 손님을 접대할 때 필요한 마음가짐으로

첫째, 차는 맛있게 마실 수 있도록 달여야 하고〈茶は服のよきように点て〉

둘째, 숯불은 물이 적당히 끓도록 해두어야 하며〈炭は湯のわくように置き〉

셋째, 꽃은 들에 피어있는 것처럼 하고〈花は野にあるように〉

넷째, 여름은 시원하게 겨울은 따뜻하게 하며〈夏は涼しく冬は暖かに〉

다섯째, 정해진 시각보다는 조금 빨리 하고〈刻限ははやめに〉

여섯째, 비가 오지 않아도 우산을 준비하며〈降らずとも傘の用意〉

일곱째, 동석한 손님에게 마음을 다하라〈相客に心せよ〉

라고 하는 것이다.

이는 차라는 매개체를 통해 정성을 다하고 계절감과 생명을 소중히 하며 여유와 부드러운 마음가짐으로 서로 존중하고 배려하는 자리가 되어야 한다는 점을 강조한 것이라 볼 수 있다.

다도를 하기 위해서는 다양한 도구가 필요한데 기본적인 것을 살펴보면 다음과 같다. 먼저 일본식 방의 장식 장소인 도코노마(とこのま 床の間)를 꾸미기 위한 가케지쿠(かけじく 掛軸)와 하나이레(はないれ 花入)가 있다. 가케지쿠는 그림이나 글씨가 쓰인 벽에 거는 족자이고, 하나이레는 다실에 장식하는 꽃을 꽂는 꽃병이다. 물을 끓이는 철제 도구인 가마(釜)와 불을 피우고 가마를 걸치는 풍로인 후로(ふろ 風炉), 화로 주변을 두르는 나무틀인 로부치(ろぶち 炉縁)가 있다.

그리고 차를 마시기 위한 차그릇인 다완(茶碗 ちゃわん), 차를 마시는 용기인 다기(茶器 ちゃき), 말차를 담는 용기인 찻통(茶入 ちゃいれ), 다완이나 다기, 찻통 등을 싸는 주머니(仕覆 しふく), 다기를 씻거나 찻물이 부족할 때 물을 담아두는 통(水指 みずさし), 말차를 떠서 다완에 넣는 숟가락(茶杓 ちゃしゃく), 물을 퍼기 위한 자루가 달린 국자(柄杓 ひしゃく), 가마 뚜껑이나 국자를 올리는 받침대(蓋置 ふたおき), 다완을 헹군 물을 담는 용기(建水 けんすい), 다완의 말차와 물을 저어주는 대나무로 만든 솔(茶筅 ちゃせん), 다완을 닦는 수건(茶巾 ちゃきん), 다기를 닦거나 기물 밑에 까는 작은 사각형의 천(帛紗 ふくさ)

등이 있다.

다도에서 말차를 마시는 방법은 우선 말차가 맛이 쓰기 때문에 먼저 단맛이 나는 일본식 과자를 먹는다. 말차는 큰 찻종을 사용하므로 오른손으로 잡고 왼손으로 받치며, 찻 종의 정면에 입을 대지 않고 오른손으로 시계 방향으로 2번 정도 돌린다. 말차는 한 번에 마시는 것이 아니라 2, 3회 나누어 마시는데, 훅훅하는 소리를 내면서 마신다. 마신 후에는 찻종의 정면을 주인 쪽으로 향하게 해서 시계 반대 방향으로 돌린 다음 오른손으로 놓는다. 다실이 다타미(たたみ 畳)인 경우에는 다타미의 가장자리 선에 유의할 필요가 있다. 마신 후에는 오른손 손가락으로 입을 댄 곳을 가볍게 닦고 찻종을 정면으로 향하게 한 뒤 일단 자기 앞에 두고 다시 들어서 주인쪽 방향의 다타미 위로 반납하는 형식을 취하면 된다.

2) 화도

화도(かどう 華道)는 화도(かどう 花道)라고도 표기하며, 이케바나(いけばな 生花, 活花) 혹은 사시바나(さしばな 挿花) 등으로도 불리는데, 꽃이나 풀, 잎, 나뭇가지 등 다양한 식물을 잘라 꽃꽂이 그릇에 꽂아 감상하는 예술이라 할 수 있다. 다도와 같이 예의작법을 중요시하는 전통문화로 여러 가지 유파가 있으며 각 유파별로 양식이나 기법에서 차이를 보인다. 화도는 일본에서 시작되어 지금은 국제적으로 확산되어 있다.

꽃이나 식물을 장식하는 습관은 시대를 상당히 거슬러 올라갈 수 있지만, 그 유래는 불교 전래와 함께 불상에 꽃을 바치는 공화(供花)에서 시작된 것으로 보고 있다. 한두 송이의 꽃을 화병에 꽂아 즐기는 관습은 헤이안시대까지 올라간다. 중세에 이르면 아시카가(あしかが 足利)장군가에서 중국 명나라와의 교역을 통해 전래된 그림이나 글씨, 청자 향로, 화병 등의 물품을 실내에 장식하여 과시할 목적으로 중국 화병에 꽃과 풀을 꽂아 감상하였다는 하나아와세(はなあわせ 花合わせ)라는 놀이에서 기원을 찾는 설도 있다. 하지만 일반적으로 일본식 화도는 무로마치 중기에 존재하였던 교토의 정법사(頂法寺)의 승려인 이케노보 센케이(いけのぼう せんけい 池坊專慶)와 센오(せんおう 專応)를 거치면서 확립되었다고 본다. 이케노보라는 명칭은 센케이가 연못 주변에 거주했기 때문이며, 이 명칭은 이후 유파의 명칭으로 사용된다.

에도시대 중기 이후가 되면 이에모토제도를 통해 화도는 무사나 상류계급의 전유물에서 서민의 소양으로 확산되어 다양한 유파가 만들어지고 분파되었다. 에도말기에서 메이지시대에 이르면 영국의 건축가인 조시아 콘도르(Josiah Conder)에 의해 이케바나도 유럽 미술계에 많은 영향을 미친 자포니즘과 더불어 유럽에 소개되었다.

이케바나의 양식은 유파에 따라 다르지만 몇 가지를 소개해 보면 다음과 같다.

첫째는 릿카(りっか 立花)로 다테바나라고도 하는데, 꽃꽂이 그릇에 꽃을 세워 꽂는 것으로 무로마치시대에 서원 건축의 장식을 위해 생겨난 가장 오래된 양식이다. 이것은 이케바나의 기본 양식

의 하나이고, 길고 가는 화병에 세로로 길게 꽂는 방법으로 도코노마의 장식에 많이 쓰인다. 비례와 균형, 조화를 중시하며 자연경관의 재현을 추구한다.

둘째는 세이카(せいか 生花)로 쇼카라고도 하는데, 다실에 장식하는 이케바나로 주로 작은 도코노마의 장식에 사용되며 릿카를 간략화한 것이다. 릿카에 이어 에도시대에 성립한 것으로 꽃을 꽂는 침봉과 평평한 그릇을 사용하며 꽃과 화초의 성질을 적절하게 살려 표현하는 방법이다. 원리는 천, 지, 인으로 구성되는 삼각 형식을 기본으로 하고 감각성을 중시한 양식이라 할 수 있다.

셋째는 지유카(じゆうか 自由花)로 지유바나라고도 하는데, 근대에 만들어졌다. 천지인의 정형화된 전통적인 양식에 구애받지 않고 자유롭게 표현하는 방식이다. 무대나 행사 등에 많이 연출되며 자유롭기 때문에 경우에 따라서는 모리바나(もりばな 盛花)를 이 양식에 포함시키는 경우도 있다. 제작하는 사람의 감성을 중시하므로 전통 화도에서는 그다지 사용하지 않는 서양 꽃들을 활용하기도 한다.

넷째로 모리바나는 19세기 후반의 자연주의의 영향으로 만들어진 양식이다. 얕은 수반이나 바구니 등과 같이 입구가 넓은 용기에 침봉 등을 사용하여 자연의 모습을 조화롭게 표현한다. 양식을 무시하는 점에서는 지유카와 같고 서양꽃을 사용하기도 하기 때문에 서양식 테이블에 둘 수도 있다.

5강 전통예능

전통예능이란 예술과 기능의 약칭으로 음악이나 회화, 무용, 공예, 기예, 시가 등을 일컫는다. 특정 계층의 의식이나 제사, 대중의 교양이나 오락 등의 행사를 개최할 때 수반되는 행위로, 특정의 형식으로 만들어지고 계통화되어 전승되거나 또는 없어진 유형무형의 것이라 할 수 있다. 일본의 전통예능에는 다양한 것들이 전해지고 있으나 여기서는 대표적 전통 연극으로 분류되는 노(のう 能)와 닌교죠루리(にんぎょうじょうるり 人形浄瑠璃), 가부키(かぶき 歌舞伎), 라쿠고(らくご 落語)와 고당(こうだん 講談) 등에 대해 설명하기로 한다.

1) 노

2008년 유네스코 무형문화유산에 등재된 노가쿠(のうがく 能楽)는 노(能)와 교겐(きょうげん 狂言), 시키산반(しきさんばん 式三番)의 세

개의 종목으로 구성된 일본의 전통 예능이다. 그 기원에 대해서는 여러 가지 설이 있지만, 오곡의 풍요를 기원하는 농악이나 덴가쿠(でんがく 田楽), 나라(なら 奈良)시대에 중국과 한국을 거쳐 들어간 기가쿠(ぎがく 伎楽)나 산가쿠(さんがく 散楽), 산가쿠에서 분화된 사루가쿠(さるがく 猿楽) 등에서 유래된 것으로 보고 있다. 산가쿠는 익살스러운 재주나 흉내, 곡예, 요술 등 대중성을 지닌 예능이었다.

이러한 서민적 예능이었던 노가 남북조시대부터 무로마치(むろまち 室町)시대에 간아미(かんあみ 観阿弥)와 제아미(ぜあみ 世阿弥) 부자에 의해 막부 권력자와 귀족계급의 지원을 받아 귀족적 성격으로 바뀌었다고 볼 수 있다. 종래의 사루가쿠에다 그윽한 음악성과 무도성을 가미하여 고도의 몽환적인 무대예술로 만들었다. 에도(えど 江戸)시대에는 무가들의 공식 악극(楽劇)인 식악(式楽)으로 막부의 보호를 받았다. 노는 에도시대까지 사루가쿠 혹은 사루가쿠의 노(猿楽の能)라고 불렸는데, 메이지(めいじ 明治)시대에 들어와 교겐과 합쳐져 노가쿠로 불리게 되었다. 오늘날에는 무도와 연극, 음악, 시 등의 여러 요소가 혼합된 가장 전통이 있는 무대예술이며 종합 오락물이라 할 수 있다.

노를 상연하는 전용 무대는 사방 6m정도의 정방형의 본무대와 하시카카리(はしかかり 橋掛り)라고 불리는 좌측으로 뻗은 복도의 두 개의 공간으로 구성되어 있으며, 관객석과 무대 사이의 장막이 없다. 건물 속의 집과 같은 느낌을 주기 위해 각각 지붕이 만들어져 있다. 원래는 옥외에서 상연되었지만 오늘날에는 실내에서 상연되기 때문에 날씨와는 상관이 없게 되었다. 본무대는 성악을 담당하는 우타이(うたい 謡)라고 하는 사람들이 앉는 곳과 북과 큰북, 작은북, 피리 등의 하야시(はやし 囃子)라고 하는 음악을 담당하는 사람들이 앉는 장소로 나뉘어져 있다.

노의 특징은 무표정에 가까운 오모테(おもて 面) 혹은 노멘(のうめん 能面)이라고 불리는 가면을 사용한다는 점이다. 가면은 배우에게 있어 대단히 중요한 것으로 젊은 여성이나 늙은 여성, 소년을 연기하는 주인공인 시테와 노인이나 망령, 신불이나 신선 등의 조연 배우가 쓴다. 가면은 평소의 자신과 전혀 다른 차원의 역할로 변신하는 도구로 초인적인 역할을 연기할 때 주로 사용한다. 하지만 현실의 남성 연기를 담당하는 와키카타(わきかた 脇方)라든지 설명과 희극적인 연기를 전문으로 하는 교겐카타(きょうげんかた 狂言方)는 가면을 쓰지 않는다.

일본의 현대 뮤지컬에 해당한다고 볼 수 있는 노는 분업적 연극이다. 성악과 연기를 담당하는 다치카타(たちかた 立方)는 시테(して 仕手)와 와키(わき 脇), 교겐(きょうげん 狂言)의 3개의 역할로 나뉘고, 반주 담당인 하야시는 4개의 역할로 구성된다. 등장인물의 역할은 주인공인 시테와 시테의 조연자인 쓰레(ツレ), 시테의 상대역인 와키, 와키의 조연자인 와키쓰레로 나뉜다. 등장인물 이외의 역할을 담당하는 구성원으로는 고켄(こうけん 後見)과 지우타이(じうたい 地謡), 하야시 등이 있다. 고켄은 출연자의 옷매무시를 고쳐준다든지 소도구를 전달한다든지 하는 일 외에, 주인공인 시테가 사고를 당할 경우 대신하는 중요한 역할을 담당한다. 지우타이는 보통 8명으로 구성되며 장면의 설명이나 등장인물의 내면을 설명하는 역할을 한다.

교겐은 노와 같이 사루가쿠에서 발전한 것으로 사루가쿠 가운데 우

스꽝스럽게 흉내내는 행위를 세련되게 만든 희극이라 할 수 있다. 원래 교겐이란 말은 불교의 광언기려(狂言奇麗)에서 유래된 것으로 도리에 맞지 않는 말투나 과장되게 꾸미는 말을 의미한다. 주로 시나 소설 등을 비평할 때 쓰는 말로, 농담이나 거짓말, 우스꽝스런 동작, 사람을 속이려는 의도를 가진 행동을 지칭하는 표현이다. 이 말이 남북조시대에 이르면 사루가쿠의 흉내내는 재주를 대신하는 말로 사용되었고, 에도시대 중기에 이르러 가부키나 죠루리(じょうるり 浄瑠璃)의 별칭으로도 사용되게 되자 이를 구별하기 위해 노쿄겐(のうきょうげん 能狂言)이라고 부르기도 하였다.

주로 대화나 몸짓을 통한 연극으로 노래와 춤, 말 등을 통해 연기하는 것이지만, 노가 추상적이고 비유적이며 비극적인 내용이 중심이라면 교겐은 대사도 사실적 표현이 많은 해학이 주류를 이룬다고 할 수 있다. 즉, 세상사의 미묘한 사정을 꿰뚫는 내용이나 풍자적인 이야기, 실패담 등 대사도 언어적 유희가 동반하는 것이 주류를 이루지만 대체적으로 천진난만하게 웃게 하는 것이 중심이 된다. 그리고 교겐은 노인이나 추녀(醜女) 등의 일부 배역을 제외하면 가면을 쓰지 않고, 노의 가면에 비해 사실적이며 우스꽝스런 모습을 하는 차이가 있다.

시키산반은 노와 교겐과 함께 노가쿠를 구성하는 예능의 하나로 의식무(儀式舞)를 지칭한다. 노와 교겐과는 차이를 보이는 다른 종목으로 시와 노래, 반주음악, 춤, 가면, 옷차림 등으로 구성되어 있다. 시키산반은 제아미가 제사 의식에 있어서 사루가쿠 66번을 모두 상연하는 것은 지나치게 길기 때문에 3번으로 줄인 것에서 유래한다고 한다. 3개의 종목은 '지치노죠(ちちのじょう 父尉)', '오키나(おきな 翁)', 산바소

(さんばそう 三番叟)'이다. 이 3종목은 모두 노인의 탈을 쓰고 추는 축복의 가무로 각 지역의 향토색이 짙은 민속 예능이며, 신을 제사하는 의식에 많이 사용되기도 한다.

2) 분라쿠

분라쿠(ぶんらく 文楽)는 일본의 전통예능으로 일본의 주요 무형문화재이며 2009년 9월에 유네스코 세계무형유산에 등록되었다. 일반적으로 닌교죠루리(にんぎょうじょうるり 人形浄瑠璃)라고도 하며, 죠루리와 인형에 의해 연기되는 인형극을 말한다. 원래는 인형극에 쓰이는 인형이라는 의미에서 닌교죠루리로 불리다가 에도시대 말기 오사카(おおさか 大阪)의 분라쿠좌가 유명해지면서 분라쿠가 닌교죠루리의 대명사로 사용되기에 이르렀다. 죠루리는 다유(たゆう 太夫)라는 대사를 맡은 사람이 샤미센(しゃみせん 三味線)의 반주에 맞추어 문장과 시가에 가락을 붙여 이야기하는 극장음악이라 할 수 있다. 분라쿠는 남성에 의해 연기되며 다유와 샤미센, 인형 조종자의 세 부분으로 분류되는 삼위일체의 종합예술이라 할 수 있다. 원래는 한 명이 인형을 조종했는데, 이후 3인 조종술이 고안되어 현재는 3명이 조종을 하는 산닌즈카이(さんにんづかい 三人遣い)가 기본으로 되어있다.

인형은 사람과 거의 비슷한 크기이기 때문에 얼굴 표정과 오른 손을 조종하는 오모즈카이(おもづかい 主遣い)와 인형의 왼팔을 조종하며 필요한 소도구를 전달하는 히다리즈카이(ひだりづかい 左遣い), 다리부분을 담당하며 발로 박자를 맞추는 아시즈카이(あしづかい 足遣い)로 나뉜다. 오모즈카이 이외에는 기본적으로 검은 복장에 검은 천으로 얼굴을 가리고, 오모즈카이의 움직임을 보면서 히다리즈카이와 아시즈카이가 인형을 조종한다. 남자 인형은 다리가 있으나 여자 인형에는 다리가 없다.

오모즈카이의 지시에 의해 세 사람이 협업하여 살아 있는 사람과 같은 느낌을 주도록 조종하기 때문에 오랜 숙련이 필요하다. 인형을 조종하는 수련 순서는 먼저 다리부터 익히고 왼손을 익힌 후에 마지막으로 머리와 오른손을 단계적으로 익혀 나간다. 세밀하고 섬세한 동작과 표정의 연기가 요구되기 때문에 엄격한 수련 기간이 소요된다고 한다. 오모즈카이가 되기 위해서는 '다리 십 년, 왼손 십 년(足十年, 左十年)'이라는 기간을 거쳐야 한다고 표현하는 것도 이 때문이다.

인형은 머리와 몸통, 손과 발 그리고 의상으로 구성되어 있다. 머리는 남녀와 노소, 성격 등의 역할에 따라 70여종이 있다고 하며 나무를 깎아 채색을 하여 만든다. 인형은 장치와 종류에 따라 눈과 입, 눈썹이 움직이도록 제작되어 있다. 몸통은 어깨판과 허리가 연결되어 있으며 손과 발은 양 어깨에 끈으로 연결되어 있고, 손의 경우 움직임에 따라 30여종이 있으며 발도 10여종이 있다고 한다. 여자 인형은 옷자락이 길기 때문에 다리와 발을 만들지 않는다. 의상은 역할에 따라 정해져 있고 인형 조종자가 손으로 몸통나무를 잡을 수 있도록 등이 터져 있다.

3) 가부키

가부키(かぶき 歌舞伎)는 일본 고유의 전통예능의 하나로 춤과 연기, 노래가 합쳐진 것이며 에도시대 도시민(町人)이 즐기는 대표적인 유흥이었다. 1965년에 일본 중요무형문화재로 지정되었고 2008년에 유네스코 세계무형문화유산으로 등재되었다. 가부키의 어원은 '한 쪽으로 쏠리다'라는 의미의 가타무쿠(かたむく 傾く)의 옛말인 가부쿠(かぶく 傾く)의 명사형으로 추정하고 있다. 전국시대 말기부터 에도시대 초기에 걸쳐 교토(きょうと 京都)와 에도(えど 江戸)에서 유행한 화려한 의상이나 남과 다른 모습을 즐긴다든지, 형식에서 벗어난 행동을 하는 사람을 가부키모노(かぶきもの 傾奇者, 歌舞伎者)라고 하였다. 이러한 파격적인 복식이나 행동과 함께 춤을 추었던 행위에서 유래를 찾기도 한다. 당시에는 주로 여자가 추었기 때문에 가부키의 표기는 '가무히(歌舞姫)', '기무기(歌舞妓)' '가부비(歌舞妃)'로 하기도 한다.

초기의 형태는 이즈모(いずも 出雲)의 오쿠니(おくに 御国)라는 여성이 추었던 것으로 지금과는 상당히 다른 춤사위인 가부키오도리(かぶきおどり 歌舞伎踊り)였다고 보고 있다. 여기에 당시의 유녀들이 자극적인 요소를 추가하여 연기한 것이 온나카부키(おんなかぶき 女歌舞伎)였다. 그러나 이런 형태의 춤은 사회질서를 문란하게 하고 풍기문란을 유발한다고 보았기 때문에 막부에서는 여자가 춤을 추는 행위를 금지하였다. 그 대신 어린 미소년들이 여성역할을 대신 연기하게 하는 와카슈카부키(わかしゅうかぶき 若衆歌舞伎)로 변화하였지만, 이 역시 남색이 성행하게 되는 문제가 발생하여 다시금 금지시켰다. 이후 성인 남성 배우가 여자역을 담당하는 야로카부키(やろうかぶき 野郎歌舞伎)가 만들어져 오늘날까지 이어져 오고 있다. 가부키라는 명칭은 에도시대의 속칭으로 공적으로는 '교겐(きょうげん 狂言)' 혹은 '교겐시바이(きょうげんしばい 狂言芝居)'로 불렀다고 한다.

오늘날의 가부키의 상연 목록은 일반 연극인 가부키교겐(かぶききょうげん 歌舞伎狂言)과 가부키무용(歌舞伎舞踊)으로 나뉜다. 전자는 그 내용에 따라 다시 시대물과 서민의 생활양상을 표현한 세태물로 나누어진다. 여성의 배역을 대신하는 남성 배우를 온나가타(おんながた 女形)라고 하며, 연기는 '아라고토(あらごと 荒事)'와 '와고토(わごと 和事)'로 나뉜다. 아라고토는 무사나 귀신 등의 난폭함을 과장되게 연기하는 것이고, 와고토는 유약한 호색남의 연애를 중심으로 하는 연기를 말한다. 노가 비극적, 교겐이 희극적 내용이라면 가부키는 비극과 희극 외에 시대극이나 통속적인 내용 등도 포함하므로 장르가 넓다고 할 수 있다.

가부키는 연출이나 무대장치, 음악, 언어, 의상, 소도구 등에서 특징적인 면이 보인다. 가부키가 노와 다른 점은 노가 가면 위주의 연극이라면 가부키는 짙은 화장을 한다는 점이다. 이 독특한 화장법을 구마도리(くまどり 隈取)라고 하는데, 얼굴에 흰색 염료로 화장을 하고 그 위에 굵은 선으로 표현하는 방식이다. 혈관이나 근육을 과장되게 분장하는 것으로 배역에 따라 색의 차이를 보인다. 정의의 역은 적색 계통을 사용하고, 악역은 청색 계통을, 그리고 사람이 아닌 귀신이나 요괴 등을 표현할 때에는 갈색을 사용한다.

미에(みえ 見得)는 영화의 스톱모션 기법과 같은 것으로 볼 만한 장면의 경우 배우가 포즈를 취하며 멈추는 행위를 말한다. 이 방법은 배우에게 강한 인상을 주면서 무대의 회화적인 아름다움을 연출하는 데 활용된다. 배우들이 무대에 들어설 때 손발을 내저으며 위세 등등하게 걷는 걸음걸이인 롯포(ろっぽう 六方)는 멋이나 웅장한 모양 등을 과장하거나 미화한 용맹스러운 동작 요소를 보이려는 표현이다. 이 행동은 초기에는 배우가 무대에 나올 때 사용되었지만 지금은 퇴장할 때 보여준다.

그리고 청중의 관심을 끌기 위한 기교로 게렌(けれん 外連)이라는 연출법이 있다. 배우의 몸을 뜨게 하는 장치를 사용한다든지 같은 장면에서 한 배우가 재빨리 변장을 하여 두 개 이상의 역할 연기를 한다든지 특수 장치를 활용하여 관객들을 놀라게 하기 때문에 흥미를 자아낸다. 그 외에도 온 몸을 검은 옷으로 감싼 고켄(こうけん 後見)은 배우에게 대사를 일러주거나 소품을 건네는 등 연기에 도움을 주는 역할을 한다.

가부키의 정면 무대는 본무대라고 하며 오른쪽을 가미테(かみて 上手), 왼쪽을 시모테(しもて 下手)라고 하는데, 왼쪽에는 관람석을 건너질러 만든 배우들의 통로인 하나미치(はなみち 花道)가 있다. 일종의 통로형 무대로 배우들의 입장과 퇴장뿐만 아니라 중요한 연기를 행하는 곳이어서, 배우의 존재감을 부각시킬 수도 있고 관객의 바로 옆을 지나기 때문에 배우들의 공간적, 심리적 거리를 좁히는 역할도 한다.

무대의 양끝에는 가코이(かこい 囲い)라는 울타리가 있는데, 이것은 오른쪽과 왼쪽의 검은 장막 앞을 장식하는 그림을 말한다. 왼쪽 울타리 쪽에는 큰북 등을 연주하거나 샤미센과 피리로 반주하는 속요(俗

謠)인 나가우타(ながうた 長唄)와 효과음 등을 연주하기 위한 장소가 있고, 그 바깥쪽에는 검은 발이 처져 있다. 하나미치 무대의 반대쪽 끝에는 도야(とや 鳥屋)라는 방이 있는데, 배우들이 입퇴장하기 위한 곳으로 그 입구에는 방안을 볼 수 없도록 막이 처져 있다.

가부키 배우들의 예명(芸名)은 묘세키(みょうせき 名跡)라고 하며 대대로 이어가는 특징이 있다. 예명은 경험이 쌓여 감에 따라 차례차례 바뀌며 점차 명성이 높은 묘세키를 계승한다. 묘세키는 친아들이 가업을 잇는 경우에는 아들에게 승계되는 경우가 많지만, 때로는 양자나 형제, 실력이 있는 제자로 계승되기도 한다. 또한 배우들은 일반적으로 묘세키와는 별도로 같은 동문을 지칭하는 야고(やごう 屋号)를 가지는데, 관람자들이 상영 중에 배우들을 부를 때에는 묘세키가 아니라 야고를 주로 사용한다. 이처럼 다양한 볼거리와 특색이 있는 무대와 운영으로 인하여 가부키는 다른 전통연극보다도 인기가 높다고 한다.

4) 라쿠고

라쿠고(らくご 落語)는 능란한 화술로 사람들을 즐겁게 하는 예능으로 에도시대 도시민과 대중을 위해 만들어져 전승되고 있다. 근세 도시를 중심으로 발전하였기 때문에 에도를 중심으로 한 에도 라쿠고와 오사카와 교토에서 만들진 가미가타(かみがた 上方) 라쿠고로 나누어진다. 그리고 에도시대부터 메이지시대와 다이쇼(たいしょう 大正)시대에 만들어진 고전(古典) 라쿠고와 그 이후에 만들어진 신작(新

作) 라쿠고로 구분된다. 라쿠고라는 용어는 재담이나 만담 등에서 사람을 웃게 하고 끝맺는 부분을 오치(おち 落ち) 혹은 사게(サゲ)라고 하는 특징이 있다. 또한 상대편의 말을 재치있게 받아 넘기는 말을 '오토시바나시(おとしばなし 落とし話)', 줄여서 하나시(はなし 話, 噺)라고 하는데, 이 두 말이 합쳐져서 만들어졌다고 한다.

에도 라쿠고와 가미가타 라쿠고는 상연 내용이나 사람을 웃기게 하는 끝말, 관습과 지명, 소도구 등에서 지역성을 보인다. 예를 들면, 연기자 앞에 두는 작은 책상인 겐다이(けんだい 見台)와 리듬을 맞추는 사각형의 작은 나무인 고뵤시(こびょうし 小拍子), 겐다이 앞에 두는 작은 칸막이인 히자카쿠시(ひざかくし 膝隠) 등은 가미가타에서만 사용한다. 고뵤시로 겐다이를 두드림으로써 장면을 전환하기도 한다. 또 이야기 중간 중간에 넣는 노래나 샤미센 등의 효과음인 하메모노(はめもの 嵌め物)도 가미가타에서만 사용하는 기법이다.

라쿠고의 기본 구성은 머리말로 하는 짧은 이야기인 마쿠라(マクラ)와 중심 주제인 혼다이(ほんだい 本題), 오치의 순으로 되어 있다. 도입부인 마쿠라에서 자기 소개 등을 하면서 본 주제로 들어가기 위한 자연스런 흐름을 만들거나 이해하기 어려운 말들을 설명하기도 한다. 대개 마쿠라는 본 내용과 세트가 되어 있는 경우가 많다. 그러므로 라쿠고 공연자는 바로 공연 주제로 들어가지 않고 인사를 한다든지 가벼운 짧은 이야기나 주제의 복선을 깔면서 청중들이 경청할 수 있도록 분위기를 만들어 가는 것이다. 가끔 공연 시간이 길지 않을 때에는 마쿠라만으로 무대를 끝내는 경우도 있다.

혼다이의 내용은 유머나 익살스런 것이 대부분이고 세상사의 동정

을 그려내는 경우도 많이 있다. 세상사 이야기는 큰 화제거리로 알려진 긴 이야기가 많고, 귀신이나 유령 등의 괴담 이야기도 있다. 원래의 줄거리에는 없지만 공연자에 의해 웃음을 자아내는 부분을 구스구리(くすぐり 擽り)라고 하는데, 이 경우에도 주제 이야기와 크게 벗어나지 않는 것을 일반적으로 선호한다. 오치(落ち)는 익살스러운 이야기를 매듭지으면서 웃음을 동반하게 하는 결말 부분을 말한다. 이런 의미에서 라쿠고를 오토시바나시라고 하며, 사게(下げ)라고 표현하기도 한다.

이처럼 라쿠고는 노가쿠나 가부키 등의 예능과는 달리 화려한 의상이나 다양한 도구, 음악 등에 의존하지 않는다. 손짓과 몸짓만으로 이야기의 재미를 전달한다든지 한 사람이 여러 가지 역할을 맡는 특징이 있다. 도구는 쥘 부채와 수건만으로 다양한 장면과 행위를 표현하기 때문에 고도의 예술적 표현력과 재주가 필요한 예능이라 할 수 있다. 성립 당시에는 여러 사람이 재미나 취미로 연출하였지만, 오늘날에는 라쿠고를 직업으로 하는 라쿠고카(らくごか 落語家)가 활동을 하고 있다.

6강
관혼장제

관혼장제란 관례(冠礼), 혼례(婚礼), 장례(葬礼), 제례(祭礼)를 총칭하는 말로 사람이 태어나 죽을 때까지 거쳐야 하는 가족이나 친족 사이에서 행하는 행사 전반을 일컫는 유교관념이라 할 수 있다. 한국에서는 관혼상제(冠婚喪祭)로 표현한다. 관례는 성인의식이고, 혼례는 혼인의 의례이다. 장례는 장사지내는 과정과 절차이며, 제례는 제사의식을 말한다. 이들 행사는 비일상적인 것으로 많은 비용이 발생하기 때문에, 특히 갑작스런 장례식이나 때때로 행해지는 결혼식 때에는 상부상조를 하는 경우가 많다. 오늘날에는 이들 행사를 전문으로 취급하는 금융상품이나 서비스를 대행하는 업체도 많이 운영되고 있다.

1) 관례

머리에 관을 쓴다는 의미의 성인의식인 관례를 일본에서는 겐푸쿠(げんぷく 元服)라고 한다. '원(元)'은 머리, '복(服)'은 착용의 의미이기 때문에 '머리에 관을 쓴다'는 말과 통한다. 성년이 되면 어른이 된다는 의미에서 복장을 고쳐 입고 상투를 틀며 갓을 쓰게 하던 우리나라 의례와 같은 것이다. 나라시대부터 행해진 의식으로 공가(公家)귀족의 여자는 처음 치마를 입는 의식인 모기(もぎ 裳着)를 행하며, 민간에서는 훈도시이와이(ふんどしいわい 褌祝)라 하여 처음으로 잠방이인 훈도시(ふんどし 褌)를 입혀 성(性)에 관한 지식을 알려주는 의식도 행하였다.

남자의 경우 대개 12세에서 16세무렵에 행하였으며, 그 고장의 수호신인 우지가미(うじがみ 氏神)를 모시는 신사에서 성인의 옷을 입히고, 총각 머리에서 상투를 틀어 후견인이 머리에 관을 씌움으로써 성인이 되었다는 것을 알리는 의식이다. 중세 무가사회에서는 에보시오야(えぼしおや 烏帽子親)라 불리는 후견인이 에보시라는 관을 씌웠다. 또한 어린아이 때의 이름을 버리고 성인의 실명인 휘(諱)를 받게 되는데, 휘는 대개 후견인의 이름 가운데 한 글자를 받는 편휘(偏諱)를 한다. 에도시대에 이르면 무가나 서민들 사이에서는 에보시를 착용하지 않고 사카야키(さかやき 月代)라 하여 이마로부터 머리 한가운데까지 머리털을 깎는 것으로 대신하기도 하였다고 한다.

여자의 경우, 수수한 기모노를 입고 머리를 둥글게 틀어 올려 비녀를 꽂고, 이전보다 더 짙은 화장을 하며 후견인이 이를 검게 물들여 주고 먹으로 눈썹을 그렸다. 대개 결혼과 동시에 행하거나 미혼일 경우에는 18세에서 20세 무렵에 행하였다. 원래 겐푸쿠는 사회적 직무나 참정권 등을 획득하는 의미가 있었다. 오늘날에는 성인식이 이를 대신하는데, 선거권을 행사할 수 있다든지 음주나 흡연 등의 법적 제한에서 자유롭게 된다는 의미와 더불어 결혼이나 경제적 자립, 군대 입대, 교육에서의 학위 취득 등의 사회적 책임 및 의무와도 연관성이 있다.

일본에서는 1월 두 번째 월요일을 '성인의 날'로 정해 지방공공단체별로 만 20세가 된 해당자를 초대하여 격려하고 축하하는 행사를 가지기도 한다. 이 제도는 2차 세계대전 후인 1946년에 청년들에게 희망을 주기 위해 사이타마(さいたま 埼玉)현에서 실시된 '청년제'에서 유래하였다. 일본정부에서는 1949년 "성년이 된 것을 자각하고 스스로 꿋꿋하게 살아가려는 청년을 축하하며 격려하자"라는 취지에서 1월 15일을 성인의 날로 제정하여 시행해 오다, 1998년 경축일법 개정으로 인해 2000년부터 1월 두 번째 월요일로 변경하여 진행해 오고 있다.

2) 혼례

혼례란 혼인(婚姻)을 행할 때에 수반되는 모든 의례와 절차를 말한다. 혼인이란 한 쌍의 남녀가 사회적으로 인정된 성적(性的), 심리적, 경제적인 결합으로, 배우관계의 체결과 상태를 포함하는 법개념의 용어이다. 일반적으로는 배우관계를 체결하는 '결혼'이라는 말이 자주 사용된다. 혼인의 성립과 확인을 위하여 결혼식을 거행하는데, 민족이나 종교, 지역 등에 따라 다양한 내용과 형태로 진행되고 있다.

오늘날 일본 결혼식의 종류에는 신전식(神前式)과 불전식(仏前式), 기독교식(キリスト教式), 인전식(人前式) 등이 있다.

(1) 신전식

신사에서 행하는 신전결혼식이 일반인들에게 확산된 것은 1900년 다이쇼(たいしょう 大正)천황의 결혼식 이후로 그 이전에는 서민들의 경우 자택에서 행하는 것이 일반적이었다. 식순을 보면, 무녀인 미코(みこ 巫女)가 앞서고 신랑과 신부, 중매인인 나코도(なこうど 仲人), 신랑 부모, 신부 부모, 신랑 친척, 신부 친척 그리고 재주(斎主) 순으로 입장을 한다. 사회의 결혼식 선언에 이어 재주의 배례에 맞추어 참석자가 기립하여 신전에 예를 표한 후, 재주가 신전의 공물을 사용해서 푸닥거리를 행하여 부정을 없앤다. 참가자는 기립한 채로 가볍게 머리를 숙이고 이것을 받는다. 재주가 두 사람의 결혼을 신사의 신이나 조상신에게 보고하는 축사를 아뢰고 신의 가호를 빈다. 참가자는 기립하여 머리를 숙인다.

이후에 산산쿠도(さんさんくど 三々九度)의 술잔을 교환한다. 첫잔은 신랑이 받고, 다음에 신부, 다시 신랑의 순이다. 둘째잔은 신부, 다음이 신랑, 다시 신부 순이며, 셋째잔은 첫 번째와 같다. 3번의 잔을 3회씩 총 9번을 받게 되는 것이다. 오늘날에는 시간 관계상 회수를 축약하는 경우도 있다. 신랑 신부가 신전에 나아가 맹세의 글을 읽는데, 신랑이 본문을 읽고 이름 부분은 신랑, 신부가 함께 읽는다. 그리고 다마구시(たまぐし 玉串)를 신전쪽으로 올리며 2번의 절, 2번의 박수, 1번의 절의 순서로 배례한다. 좌석으로 돌아갈 때에는 신전에 등을 보이지 않게 한다. 이어서 중매인, 친족의 대표가 다마구시를 바치고, 양가가 친족이 된 맹세를 주고 받는다. 양가의 친족과 신랑 신부, 중매인이 잔을

받는다. 재주가 식이 무사히 끝났다는 사실을 신에게 보고하고 절을 한다. 참석자가 기립을 하여 배례한다. 이후 재주가 축하 인사를 하고 참석자는 배례를 한다. 재주가 퇴장한 후 신랑 신부, 중매인, 친족 순으로 퇴장을 하고 식이 마친 후 피로연장으로 자리를 옮긴다.

근래에는 신전에서만 신전결혼식을 행하는 것이 아니라 호텔이나 결혼시장 등에서 신진식으로 하는 경우도 많다. 또한 최근에는 일반적으로 기독교식을 선택하는 경우가 많아 신전식이 적지만, 유명인이나 문화체험을 겸한 국제결혼 등에서는 신전식을 선택하는 경우가 증가하는 추세에 있다고 한다.

(2) 불전식

불전식은 부처 앞에서 결혼을 맹세하는 형식으로, 메이지 이후 불전결혼식이 보급되었다고 한다. 일반적으로 조상의 위패가 모셔진 보리사(菩提寺)에서 행하지만, 본존(本尊)이 안치된 공민관이나 가정에서 거행하기도 한다. 식순은 종파에 따라 차이를 보이는데, 사회자인 주지와 참석자 일동이 본존에 결혼을 고하고 주지로부터 불교도로서 지켜야할 사항들을 듣고난 뒤에 기념 염주를 받고, 서로 공경하고 사랑한다는 맹세가 적힌 종이에 서명한 후 산산쿠도의 잔을 주고 받는 형식이다. 하지만 불전결혼식은 승려 관련자가 대부분이고, 일부 일본 연예인을 제외하면 일반인은 잘 이용하지 않는다. 그 이유는 일본인의 신도와 불교에 대한 이중적 종교의식이 영향을 미치고 있기 때문으로 볼 수 있다.

(3) 기독교식

현재 일본에서 행해지고 있는 기독교식 결혼식은 신자들의 결혼식이 아니라 기독교식 결혼식을 모방한 결혼식이 대부분이다. 이는 일본의 기독교인 수가 전체 인구의 1%정도라는 점에서도 알 수 있다. 따라서 진짜 교회당이나 성당이 아니라 결혼식을 위해 만들어진 '결혼식용 교회'에서 신자와 관계가 없는 사람이 거행하는 것이 대다수이다.

이러한 현상은 매스컴의 선전과 서양식 웨딩드레스에 대한 호감, 호텔이나 결혼식장에서의 영업전략 등이 합쳐진 결과라고 볼 수 있다. 진행 방식은 카톨릭교식과 프로테스탄트식이 혼재되어 있는 경우가 많다. 카톨릭의 경우 일반적으로 신부가 의식을 진행하는데, 먼저 신랑이 입장하여 제단 앞에 서 있으면 신부 아버지가 웨딩부케를 들고 웨딩드레스를 입은 신부를 데리고 함께 입장하여 신랑에게 양도한다. 이후 성가와 성서의 낭독, 하나님 앞에서의 맹세, 축복, 결혼서약서 서명, 혼인부 작성, 결혼반지 교환 등의 순으로 진행된다.

프로테스탄트의 경우, 목사가 진행을 맡고 신부와 신부 아버지가 함께 입장하여 신랑에게 신부를 넘겨준다. 목사의 인사말, 신랑 신부의 맹세, 결혼반지 교환, 기도, 사회자의 부부선언, 짧은 설교, 찬송가, 목사의 축도, 신랑 신부 퇴장, 친족 대표 인사, 이후 신랑 신부는 양측의 증인과 쌍방의 양친, 참석자들의 축하를 받으며 퇴장을 하면서 감사의 인사를 전한다. 경우에 따라서는 건물 밖으로 퇴장할 때에는 친구들에게 부케를 던지고, 친척이나 친구 등이 쌀이나 꽃 등을 뿌리며 축하하기도 한다.

(4) 인전식

인전식(人前式)은 최근에 관심을 끄는 형식으로 결혼을 교회나 신불 앞에서 맹세하는 종교적 의미에서 벗어나 양친이나 주변 친족, 친한 친구 등의 하객들이 증인이 되는 형식이다. 서구의 시청 앞에서 행하는 '시민결혼식'이나 최근 우리나라에서 행하는 주례 없는 결혼식과 비슷하다고 할 수 있다. 특정 종교 방식에 따르지 않기 때문에 참석자의 종교적 부담이 적고 진행 순서가 자유롭다는 점을 장점으로 들 수 있다.

결혼식 진행은 일반적으로 신랑 신부의 입장 방식이나 웨딩드레스, 반지 교환, 맹세 등 대체로 서양식 방식을 따르는 경우가 많다. 결혼 승인을 행하는 징표로서 참석자들이 박수를 친다든지 방울을 울린다든지 하는 다양한 연출을 첨가할 수도 있다. 또한 부부의 결합을 상징하기 위해 신산구도나 소개껍질을 맞추는 가이아와세(かいあわせ 貝合わせ), 양가에서 가져온 물을 합쳐 마시는 미즈아와세(みずあわせ 水合わせ) 등의 일본식 의식을 행하기도 한다.

그 외에도 경제적 사정 등에 의해 결혼식은 거행하지 않지만, 주위 사람들을 위해 결혼식 복장을 하고 사진만 찍는 '포토웨딩'이 있고, 부모나 친족의 반대 혹은 과다 비용 지출을 회피하는 경제적 이유 등으로 구청에 혼인신고만 하는 '나시콘(ナシ婚)' 등의 방식도 있다. 2011년 통계 조사에 따르면 67만 명이 결혼을 했지만 결혼식을 올린 부부는 35만 명이었다는 점에서 본다면 이런 방식이 점점 늘어갈 것으로 여겨진다. 참고로 일본의 일반적인 결혼식 평균 비용은 300만엔 ~ 350만엔

정도이며, 그 중 신혼 부부가 부담하는 비용이 100만엔 정도라고 한다.

(5) 일본 결혼식의 특징

일본의 결혼식이 한국의 결혼식과 다른 점을 살펴보면, 기독교식과 같은 오늘날의 서양식 결혼식은 한국과 일본의 경우 유사성이 많다고 할 수 있다. 따라서 여기서는 전통적인 일본 결혼식과 관련된 몇 가지 사항에 대해 언급하기로 한다.

① 나코도

나코도(なこうど 仲人)는 인간관계에서 중재 역할을 하는 사람을 일컫는데, 특히 남녀의 결혼에서 양가의 중개 역할을 하는 중매인을 지칭한다. 에도시대에는 결혼 상대자를 찾는다든지 맞선을 진행시키며 결혼이 성립될 때까지 수고를 하였다. 중매를 의뢰한 사람은 신부 지참금의 10%를 수고료로 지불하였다. 이전에는 중매인이 아버지와 같다고 할 정도로 많은 영향력을 가진 존재였다.

하지만 자유결혼이 많아지고 서양식 결혼을 선호하는 사회적 분위기와 인간관계나 시대 환경의 변화로 인해 감소하는 추세를 보이고 있다. 특히 버블경제 이후 장기 침체기에 들어선 1990년대 말부터 급격히 줄어듦과 동시에 그 역할도 많이 축소되었지만, 약혼이나 유이노(ゆいのう 結納)의 전달, 결혼식이나 결혼피로연에서의 인사 등의 역할은 유지되고 있다. 원래 나코도는 결혼하는 남녀의 학교 은사나 직장

상사, 친척, 지역 유력자 가운데 부부관계가 원만한 사람이 맡았으나, 오늘날에는 직업으로 하는 사람에게 맡기는 경우도 있다.

② 유이노

유이노(ゆいのう 結納)는 장래 결혼을 확약하는 의미에서 물품 등을 주고 받는 한국의 예단에 해낭되는 일본의 전통적인 약혼 의식이라 할 수 있다. 먼저 신랑집에서 신부집에 유이노를 보내면 신부집에서 신랑집으로 답례품을 보내는 방식이다. 원래는 기모노나 오비(おび帶)를 만드는 옷감이나 부채, 다시마, 오징어, 술 등 상서로운 기운이 있는 물건을 함께 보내었지만, 오늘날에는 현물이 아니라 유이노킹(ゆいのうきん 結納金)이라고 하여 현금으로 대신하는 형태로 변하였다. 또한 형식이나 순서는 지역에 따라 다르며, 내용물을 줄인다든지 약혼 기념물로 대신하거나 양가 가족의 식사로 대신하기도 한다.

유이노는 물품으로 보내는 현물 방식과 술값이나 안주값과 같이 유이노에 필요한 물품 대신에 현금을 봉투에 넣어 보내는 현금 방식이 있는데, 현물식이 전통적이라 할 수 있다. 유이노 물품은 홍백색이나 금은색의 끈으로 화려하게 장식하며, 한 세트에 수만엔에서 수십만엔을 호가한다. 유이노의 수는 5품, 7품, 9품이 있고 관동식과 관서식으로 나눌 수 있다.

관동식은 신랑과 신부가 평등하게 유이노를 준비하여 서로 교환한다. 유이노는 칠하지 않은 판자로 만든 네모 쟁반 위에 물품을 하나씩 올린다. 유이노를 받은 신부측에서는 그 금액의 반을 유이노킹으로 신랑측에 건넨다. 유이노 물품은 대체로 다음과 같다. 첫 번째는 나가

노시(ながのし 長熨斗)이다. 색종이를 접어 위가 넓고 길쭉한 6각형으로 만든 후, 그 속에 엷게 저며 펴서 말린 전복을 붙여 선물 위에 얹어 보내는데, 장수를 상징한다. 두 번째는 유이노 물품명과 수량을 기재한 목록으로, 관동의 경우에는 이 두 가지는 품목 수에 포함시키지 않는다. 세 번째는 긴포즈쯔미(きんぽうづつみ 金包包)로 유이노킹을 넣은 보따리인데, 신랑측은 온오비료(おんおびりょう 御帶料)로, 신부측은 온하카마료(おんはかまりょう 御袴料)로 사용하라는 의미이다. 네 번째는 가쓰오부시(かつおぶし 鰹節)인데, 이는 가쓰오부시(かつおぶし 勝男武士)와 음이 상통하며 남성의 강건함을 나타낸다. 다섯 번째는 스루메(するめ 寿留女)로 오랫동안 행복하기를 기원하는 의미이다. 여섯 번째는 곤부(こんぶ 昆布)로 곤부(こんぶ 子生婦)와 음이 상통하며 자손번영을 나타내는 의미이다. 일곱 번째는 도모시라가(ともしらが 友白髮)로 하얀 삼베실이며, 백발이 될 때까지 사이좋게 살아라는 의미이다. 여덟 번째는 스에히로(すえひろ 末広)라는 흰 부채로 살아갈수록 번영하라는 의미이다. 아홉 번째는 야나기타루(やなぎたる 家内喜多留)라는 술통으로 집안에 기쁨이 많이 머물라는 의미의 한자와 상통하여 가정의 원만을 기원하는 의미가 있다.

관서식은 먼저 신랑측에서 신부측으로 결혼예물을 보낸다. 기본 유이노는 1. 노시(のし 熨斗), 2. 스에히로(すえひろ 末広), 3. 오비지료(おびじりょう 帶地料) 혹은 결혼 기념물, 4. 야나기타루료(やなぎたるりょう 柳樽料), 5. 마쓰우오료(まつうおりょう 松魚料) 등 5가지이다. 그 외에 결혼반지나 기모노, 시계나 목걸이 등의 장식품을 보내기도 한다. 기본의 5품목 외에 7품목, 9품목, 11품목까지 있으며 집안 형편에 맞게 보내고 신부측에서는 수령증을 건넨다. 그리고 받은 예단의 10%정도를 하카마지료(はかまじりょう 袴地料)로서 돌려보낸다.

관서지방의 유이노 품목의 내용을 보면, 첫째, 노시와 금은색의 선물용 끈으로 만든 학과 요술방망이 모양의 장식물, 둘째, 스에히로와 거북이 모양의 장식물, 셋째, 오비지 비용과 소나무 모양의 장식물, 넷째, 결혼 반지, 다섯째는 다카사고(たかさご 高砂)라 불리는 죠우·우바(じょう·うば 尉 · 姥)인형인데 이것은 노인과 노파 형상의 인형으로 100세까지 사이좋게 잘 살라는 의미가 있다. 여섯째, 스루메, 일곱째는 곤부, 여덟째는 야나기타루나 그에 상응하는 비용과 소나무 장식물, 아홉째는 안주인 마쓰우오 혹은 그 비용이다. 원래는 암수의 참돔을 보내는 것이었으나 현물 지참이 어렵기 때문에 현금으로 대신하고, 매실 모양의 장식물 등을 첨가한다. 술값 비용 형식의 야나기타루와 안주 비용 형식의 마쓰우오 금액은 유이노 금액의 10%정도인데, 오늘날에는 축하연의 식사 비용으로 대신하는 경우도 있다. 유이노 금액은 100만엔, 70만엔, 50만엔, 30만엔 등 홀수로 하며, 90만엔은 9의 일본어음 구(く)가 고생한다는 구(く 苦)와 음이 같다고 하여 피한다고 한다.

③ 결혼식 초대장

한국에서 청첩장이라고 하는 일본의 결혼식 초대장은, 결혼식을 알리는 데 목적을 가진 한국과 달리 초대장을 받고 참석하려는 사람들을 파악하는 용도로 사용한다. 한국의 경우 청첩장을 받지 않더라도 참석하는 경우도 있지만, 일본의 경우 결혼식 초대장을 받고 참석 회신을 한 경우에만 참석이 가능하다고 보면 된다.

반으로 접는 엽서 크기의 희고 뚜꺼운 초대장과 참가 여부를 회답 받기 위한 회신용 엽서를 동봉한다. 전달 방법은 우편으로 보내거나 직접 건네기도 한다. 일반적으로 결혼식 2, 3개월 전에 보내는데, 회송용 엽서 앞에는 우표를 붙이고 수취인의 주소와 이름을 적어 둔다. 뒷면에는 출석(御出席), 결석(御欠席)의 문자를 적고 회신을 하는 사람의 주소와 성명 난은 비워둔다.

출석할 경우에는 '어출석(御出席)'이라는 글자에 '어'를 이중선으로 지우며 '출석'이라는 글자에 둥글게 표시하고, '어결석(御欠席)'이라는 글자를 지우고 축하의 인사말을 적어 보낸다. 결석을 하는 경우에는 '어결석'이라는 글자의 '어'를 이중선으로 지우고 '결석'이라는 글자를 둥글게 표시하며, '어출석'이라는 글씨도 함께 이중선으로 지운다. 축하의 말을 곁들이거나 참석 못함에 대한 미안함의 뜻을 적어 보낸다. 결석을 하더라도 회신을 하는 것이 예의이고, 회신도 너무 일찍 보내거나 늦게 보내는 것보다 대략 1개월 전에 받을 수 있도록 한다.

일본의 경우 피로연이나 초대한 사람에게 주는 증정품 준비로 인해 참가자 수를 사전에 확정하기 때문에 회신을 하지 않는다든지, 결혼 당사자로부터 누구라도 참가해도 좋다는 의사표시가 없는 한 참석하는 것은 예의에 어긋난다. 그리고 결혼식 초대장은 결혼 당사자 양가 가족에게는 발송하지 않는다.

④ 결혼피로연

결혼피로연이란 결혼식에 수반하는 연회로 친척이나 지인, 친구 등을 초대하며 축하연을 개최함으로써 지역과 사회에 결혼을 널리 알리는 관습이라 할 수 있다. 따라서 결혼피로연은 종교색이 강한 결혼식과 함께 유지되어온 혼례 의식을 구성하는 일부라고 보아도 좋다. 오늘날 일본에서는 신전식과 기독교식 결혼이 많이 행해지기 때문에 결혼피로연은 호텔의 결혼식장 혹은 레스토랑에서 거행하는 경우가 많다. 따라서 신사나 결혼식장에서 피로연 식장을 병설하여 한 곳에서 진행할 수 있도록 만든 경우도 많고, 파티장소나 게스트하우스를 별도로 빌려 행하는 경우도 있다.

교회에서 거행되는 기독교식과 달리 신전식의 경우에는 신랑 신부의 친족만을 초대하여 결혼식을 거행한다. 이는 장소가 좁은 문제도 있지만, 양가 친족들의 결합을 중요시하기 때문이다. 결혼피로연에는 신랑 신부의 친족과 친구, 지인 외에도 은사나 직장의 상사, 동료, 양가 부모의 지인과 친구 등이 초대의 대상이 된다.

결혼식 복장은 기독교식의 경우에는 신랑은 서양식 예복인 모닝코드를, 신부는 웨닝드레스를 입는다. 신도식의 경우에는 신랑은 몬쓰키하오리하카마(もんつきはおりはかま 紋付羽織袴)라고 하는 가문의 문양이 새겨져 있는 긴 옷에 바지를, 신부는 시로무쿠우치카케(しろむくうちかけ 白無垢打掛)라 부르는 아래 위가 흰 긴옷과 풀솜으로 만든 여자 모자 또는 색이 있는 우치카케와 쓰노카쿠시(つのかくし 角隠し)라 부르는 흰 비단천을 쓴다. 결혼피로연에서는 신랑 신부는 오이로나오시(おいろなおし 御色直し)라 하여 결혼예복을 벗고 다른 옷으로 갈아입는데, 일반적으로 일본식 복장에서 서양식 복장으로 갈아 입는다. 신부의 경우, 웨딩드레스에서 칵테일드레스로 갈아입기도 한다.

결혼축하는 현금이나 물품으로 하는데, 결혼피로연에서는 현금을 건넨다. 초대객은 접수처에서 이름을 적고 장식용 끈이 달린 '수(寿)'라고 쓰여있는 축의용 봉투에 현금을 넣는데, 친족의 경우에는 5만엔에서 10만엔, 은사나 상사의 경우에는 5만엔, 친구나 동료의 경우에는 3만엔정도이다. 금액은 홀수로 하며 축의용 봉투는 금액에 따라 모양이 다르고, 신랑 신부가 대학원생이라든지 하는 경우에는 회비제로 진행하는 경우도 있다.

결혼축하연은 일반적으로 다음과 같은 순서로 진행된다.

1. 초대손님의 착석,
2. 신랑 신부 입장,
3. 피로연 개최의 인사,
4. 신랑 신부의 소개,
5. 주빈의 축사,
6. 건배,
7. 웨딩케익 절단,
8. 식사 개시와 오이로나오시,
9. 축전의 공표,
10. 캔들 서비스,
11. 내빈의 축사,
12. 여흥,
13. 양가 부모에 꽃다발 증정과 편지 낭독, 양가의 축사, 신랑 신부의 감사의 인사,
14. 피로연 폐회 인사 및 퇴장, 배웅 순이다.

⑤ 히키데모노

히키데모노(ひきでもの 引き出物)란 결혼식 등의 축하연 때 초대손님에게 나누어 주는 증정품으로 한국에서는 제공하지 않는다. 옛날 가정에서 결혼을 할 때에는 결혼 피로연의 음식을 참가자 가족의 선물로 가져가게 하거나 가쓰오부시 등의 식품을 나누어준 데에서 유래되었다. 버블경기 이후 결혼피로연이 화려하게 진행됨에 따라 기념품으로 바뀌게 되었다. 일반적으로 참석자 전원에게 나누어주며, 관련 서비스 산업의 발달과 더불어 히키데모노도 포장용으로 바뀌었다.

히키데모노의 구성은 이전에는 요리도시락도 있었지만, 최근에는 과자와 더불어 3~4개 정도의 물품을 제공한다. 포장지에는 '수(寿)'라는 글자를 넣고 홍백이나 금은의 장식끈으로 묶는다. 물품은 실용적이고 여러 개 있어도 곤란하지 않는 것으로 식기, 화병, 시계 등의 용품 또는 마른 식품, 조미료, 술, 과자, 커피, 홍차 등의 식품이 많다. 가져가기 쉽게 종이 봉투나 보자기에 넣어주며, 금액은 대체로 식사비의 3분의 1정도로 정한다.

멀리서 오는 참석자를 위해 무거운 물품과 너무 특수한 것이나 특정의 취미를 반영하는 것은 피한다. 그리고 기피하는 단어를 연상시키는 물품, 예를 들면 인연을 끊게 하는 가위나 식칼, 이혼이나 재혼을 연상시키는 '쥬바코(じゅうばこ 重箱)' 같은 찬합, 떠난다는 의미의 사루(さる 去る)를 연상시키는 원숭이 그림 등이 그 예이다.

참석자의 연령이나 취향이 달라서 준비하는 신랑 신부측도 히키데모노의 선택에 어려움이 많기 때문에 근년에는 피로연의 요리를 비싼 것으로 시키고 히키데모노를 간소화한다든지, 연령이나 취미를 생각하여 다양한 세트를 준비한다든지, 복수의 상품 목록 중에서 선택하게 한다든지, 평소 잘 먹지 못하는 식품을 가족과 함께 먹도록 한다든지 하는 방법들도 강구되고 있다.

3) 장례

장례는 장의(葬儀) 혹은 장례식(葬礼式)을 말하며 사람의 죽음을 애도하기 위한 장례제도의 일부로 고인과 유족 그리고 남겨진 지인과의 이별의 의식이라 할 수 있다. 세계의 장례 방식은 토장, 화장, 수장, 풍장, 조장, 수목장 등으로 다양하지만, 일본에서는 화장이 대부분을 차지한다. 사람이 죽으면 전야제와 같은 밤을 새우는 쓰야(つや 通夜)를 행한다. 이는 고대의 모가리(もがり 殯)에서 유래되었다. 모가리란 정식 장례가 이루어질 때까지 일정 기간 시신을 관에 가안치하여 이별을 아쉬워하며 사자의 영혼을 위로하고 시신의 부패와 백골화를 통한 죽음을 확인하는 행위와 장소를 뜻한다. 그 기간동안 악귀를 쫓기 위해 자지 않고 새벽까지 등불을 밝히고 향불을 피웠다.

시신을 안치하는 경우에는 시신의 가슴에 칼을 두기도 하는데, 이는 무가사회의 유습으로 칼로 악귀를 베고 쫓는다는 의미가 있다. 시신을 안치한 후 시신의 머리맡에 공물로서 마쿠라메시(まくらめし 枕飯)를 올리는데, 밥을 고봉으로 담고 젓가락을 꽂아둔다. 또 쌀로 만든 경단인 마쿠라단고(まくらだんご 枕団子)를 사잣밥으로 바치기도 한다. 단고의 수는 지옥, 아귀(餓鬼), 축생(畜生), 수라(修羅), 인간, 천상

의 육도(六道)를 염두에 두어 6개를 올리기도 하고, 명계(冥界)의 심리를 담당하는 13부처를 생각하여 13개를 바치거나 하루 한 개씩 49일까지 49개를 바치는 등 지역에 따라 다소 차이가 있다.

고별식을 행할 때에는 도모비키(ともびき 友引) 날을 피하는데, 이는 친구를 데려가지 않도록 하려는 미신 때문이라고 한다. 도모비키는 육요(六曜) 가운데 하루인데, 불교와는 관계가 없다. 육요는 육휘(六輝)라고도 하며, 음양도나 민간력(民間暦)에서 사용하는 길흉의 기준이 되는 여섯 개의 날로 선승(先勝), 우인(友引), 선부(先負), 불멸(仏滅), 대안(大安), 적구(赤口)를 말한다. 도모비키의 날에는 휴업을 하는 화장장도 있다.

승려에 의한 장의가 끝나면 장례 참석자와 이별을 하는 출관을 하는데, 지역에 따라서는 사자가 사용하던 그릇을 깬다든지, 자리를 쓸어낸다든지, 바구니나 절구를 굴린다든지 하는 곳도 있다. 또한 화장장에 가는 길과 돌아오는 길을 달리하는데 이는 죽은 영혼이 붙어오지 않도록 하기 위한 방법이라고 한다.

현재 일본에서 행해지고 있는 몇 가지 종교적 장례방식에 대해 살펴보기로 한다.

(1) 신도식

장의를 신도에서는 신장제(神葬祭)라고 한다. 신도의 경우, 죽음을 부정한 것이라고 생각하기 때문에 일반적으로 성역인 신사에서는 장례식을 행하지 않고, 고인의 자택이나 장재장(葬斎場) 등에서 행하는 경우가 많다. 신장제 제식은 중앙 제단 옆에 고인의 초상이나 사진을 두고 제단의 안쪽에 안치된 관의 뒤쪽에 죽은 사람의 이름을 적은 명기(銘旗)를 세우고, 그 주변에 등불과 상록수인 비쭈기나무, 공물 등을 바친다.

원래 신장제는 신도가 자연숭배와 조상숭배를 바탕으로 만들어진 민속신앙이므로 각 지역의 특색이 존재하기 때문에 통일된 장례의식이 없지만, 일반적인 흐름을 살펴보면 다음과 같다.

먼저, 신직(神職)인 신관(神官)이 끓인 소금물이나 대마 등으로 유족과 참석자 및 식장의 부정을 씻기 위해 목욕제계 하는 수불(修祓)을 행한다. 이후 신장제의 처음 의식인 마쿠라나오시(まくらなおし 枕直し) 의식을 행한다. 집안에 신을 모셔 놓은 감실인 가미다나(かみだな 神棚)에 고인의 죽음을 고한 후, 가미다나 앞에 흰 일본종이를 드리운다. 시신에게 흰 통소매의 평상복을 입히고 머리를 북쪽으로 향하게 하며 머리쪽에는 수호하는 칼을 둔다. 앞쪽에는 제단을 설치하여 쌀이나 술, 소금, 물 등과 함께 고인이 생전에 좋아했던 음식을 바친다.

두 번째는 시신을 관에 넣는 납관(納棺) 의식이다. 관뚜껑을 닫고 흰 천으로 덮은 후 참석자들이 배례를 한다. 그리고 관뚜껑을 닫기 전에 최후의 물(末期の水)이라 하여 비쭈기나무 잎에 물을 적셔 죽은 사람의 입에 넣어 주는 의식을 행하기도 한다. 따뜻한 물로 몸을 씻긴 후 신의(神依)라 하여 남자의 경우에는 사냥할 때 입는 옷인 수의(狩衣)를 입히고, 여자의 경우에는 고치기(こうちぎ 小桂)라 부르는 약식 예복을 본뜬 흰 의상을 입힌다. 또 남자는 무사들이 쓰던 건인 에보시를 씌우고 홀을 잡게 하고, 여자는 부채를 잡게 하여 '신의 모습'으로 만든다.

다음은 고인의 유해를 지키며 하룻밤을 새는 쓰야(つや 通夜)제 및 불교의 위패에 해당하는 영위(霊位)에 고인의 영을 옮기는 천령제(遷霊祭) 의식를 한다. 쓰야제는 신직이 신에게 고하는 축문(祝文)을 올리면 유족은 비쭈기나무 가지에 종이나 베를 단 다마구시(たまぐし 玉串)를 바치고 절하며 예를 표한다. 천령제는 밤과 같이 방을 어둡게 하고 시신에서 위패로 혼을 옮길 때에는 우르르 쿵쿵하는 낮은 귀신 소리를 내거나 북을 치기도 한다.

고인과의 최후의 이별을 고하는 장장제(葬場祭)는 불교의 고별식에 해당하는 것으로 신장제의 가장 중요한 의식이다. 신관은 죽은 사람을 슬퍼하여 조문(弔問)의 글을 올리는데, 고인의 생전의 업적을 말하고 후세에 남긴 은덕을 회상하면서 선조의 혼령이 되어 유족들을 지켜주도록 기원한다. 이어 조전(弔電)을 낭독하고 신직에 의한 축문과 함께 참석자들이 다마구시를 바치며 배례를 행한다. 배례는 두 번 절하고 두 번 박수를 치고 난 후 다시 한 번 절을 하면서 고인을 추모하는데, 박수는 소리가 나지 않도록 조용히 친다.

화장제(火葬祭)는 화장장에서 시신을 화장하기 전에 행하는 의식으로 신직이 축문을 올리고 유족이 다마구시를 올리며 배례한다. 매장제(埋葬祭)는 유골을 묘지에 매장하는 의식이다. 묘의 사방에 대나무를 세우고 금줄인 시메나와(しめなわ 注連縄)로 둘러싼다. 유골을 매장한 후 축문을 올리고 유족은 배례한다. 일반적으로 바로 화장장에서 묘지로 옮겨 유골을 매장하지만, 최근에는 일단 집으로 가져가 50일제의 탈상이 끝나면 매장하는 경우도 있다.

마지막으로 귀가제(帰家祭) 및 제사 후에 바친 음식을 나누어 먹는

나오라이(なおらい 直会)이다. 화장과 매장을 끝내고 집으로 돌아와 신직의 액막이 불제(祓除)를 받고 집문 앞에 소금을 뿌린다. 영전(霊前)에 장례가 무사히 끝났다는 사실을 보고한다. 이후에 장례식에 수고한 신직이나 도와준 사람들의 노고를 위로하기 위해 연회를 열어 접대를 한다. 나오라이를 끝으로 모든 장례 절차는 끝이 나고, 이후에는 영혼에 제사를 지내는 미타마마쓰리(みたままつり 御霊祭)를 행하게 된다.

한편, 신도에서는 묘소를 오쿠쓰키(おくつき 奥都城, 奥津城)라고 부르는데, 묘비에도 "누구누구 집안의 오쿠쓰키(○○家ノ奥津城)"라고 표시한다. 묘비는 좁고 긴 네모 기둥형이고 꼭대기는 사각형의 뿔로 되어있다. 신도에는 불교의 법호와 같은 계명(戒名)이 없기 때문에 성과 이름 밑에는 누구의 영, 명, 명령, 영위(之霊, 命, 命霊, 霊位) 등을 붙인다.

일본의 경우 불교가 전래된 이래 불교식 장례가 많이 행해졌는데, 에도시대에 마을 사람들을 반드시 가까운 절에 소속시키는 데라우케(てらうけ 寺請)제도로 인해 불교식 장례가 일반화되었다. 메이지시대 일본정부의 신지(神祇)정책으로 인해 신장제가 권장되고 일시적으로 화장이 불교의 습속이라고 금지되기도 하였지만, 여전히 불교식 장례가 주류를 이루었다. 하지만 근년에는 도시화의 진행으로 선조의 위패를 모시는 단나데라(だんなでら 檀那寺)라는 관념이 엷어지고, 신장제가 불교식보다 경제적이라는 측면에서 조금씩 증가하는 경향을 보이고 있다.

(2) 불교식

장식불교(葬式仏教)라는 말이 있듯이 오늘날 일본인의 장례식은 대부분 불교식으로 행한다. 이는 에도시대 데라우케라고도 불리는 단가(檀家)제도를 강제로 실시한 결과이다. 이 제도 시행 이전까지 마을의 장례는 촌락공동체에서 장식조(葬式組)라고 하는 집단에서 맡아 행하였는데, 1700년무렵부터 위패와 불단, 승려가 죽은 사람에게 이름을 지어 주는 계명(戒名) 제도가 도입됨으로써 승려가 장례식을 주관하게 되었다.

단가제도는 에도시대에 모든 백성을 마을 주변 사원의 신도인 단가가 되도록 의무 지우는 제도로 소속된 절을 보리사(菩提寺) 혹은 단나데라(だんなでら 檀那寺)라 하였다. 이로 인해 단가인 신도는 불교에 귀의하여 사원의 경제를 지원하고, 사원은 신도의 사후 명복을 빌어줌과 동시에 선조들의 위패(位牌)를 모시게 되는 관계가 형성되었다. 원래 위패는 유교적 장례의식에서 사용되던 것인데, 불교가 중국을 거쳐 일본에 수용되면서 유교적 제의가 습합된 결과라 할 수 있다.

불교식 장례 절차는 종파나 지역, 풍습에 따라 차이를 보이지만, 대충의 흐름은 다음과 같다. 먼저 사람이 죽으면 입관하기 전에 승려가 죽은 사람의 머리맡에서 독경(読経)을 하는데, 이를 마쿠라교(まくらぎょう 枕経)라고 한다. 이때 승려로부터 계명(戒名)을 수여받는다. 계명은 불교신자가 되고 성불(成仏)하기 위한 의식으로 사자에게 계명을 수여하는 것도 이러한 의미가 있다. 그러나 종파에 따라 차이를 보인다. 정토진종(浄土真宗)의 경우에는 교의상 계율이 없다고 생각하기 때문에

수계(授戒)를 하지 않고, 일련종(日蓮宗)의 경우에는 법화경을 소지하고 머리에 새기는 것만으로도 계를 지키는 행위가 되기 때문에 사후에 새롭게 수계(受戒)를 행하지 않는다.

이어 시신을 닦아 깨끗이 하고 시신을 관에 넣은 후 쓰야를 한다. 다음날 장례와 고별식을 행하고 화장 후 뼈를 모으는 습골을 하는데, 지역에 따라서는 토장을 하기도 한다. 습골을 하여 골호(骨壷)에 거두어들인 후 자택으로 돌아가 환골의 독경을 하기도 하고, 돌아오는 도중에 소속 사찰인 보리사에 들러 예불을 행하기도 한다. 자택에는 불단을 설치하여 사자의 유골과 위패를 안치하는데 이를 중음단(中陰壇)이라고 한다. 초칠일(初七日) 법요는 보통 습골 후 2, 3일 정도에 행하기도 하지만, 오늘날에는 멀리 있는 친척들이 다시 모이기 어렵기 때문에 장례 당일에 이어서 하는 경우가 많다. 불교에서는 처음 행하는 초칠일 법요는 사후 7일째에 고인이 삼도천(三途川)에 도착한다고 생각하여 무사히 건너가기를 바라는 의미가 있다고 한다.

이후 유족은 7일마다 죽은 사람의 명복을 비는 추선(追善)공양을 7번 49일간 행한다. 이 기간을 중음(中陰) 혹은 중유(中有)라고 하는데, 사람이 죽은 뒤 다음 생의 몸을 받을 때까지 영혼의 상태라고 보기 때문이다. 이는 불교 윤회설의 영향으로 생각된다. 하지만 오늘날에는 생활 환경의 변화로 인해 7번의 법요를 모두 행하지 못하기 때문에 초칠일과 49재인 칠칠일만을 행하는 것이 일반적이며, 경우에 따라서는 기일이 아니라 토요일이나 일요일에 행하기도 한다. 칠칠일의 법요가 끝나면 중음단을 철수하며, 유족은 탈상을 하고 일상생활로 돌아간다.

(3) 기독교식

기독교는 카톨릭교와 개신교를 통칭하는 것이다. 먼저 카톨릭식 장례는 장례의식이나 쓰야 등의 절차에 있어서는 신도식이나 불교식의 절차를 일부 수용하기도 한다. 또한 도모비키날에는 화장장이 휴업일로 되어 있기 때문에 고별식을 행하지 않고 연기하는 경우도 있다. 참석자 중 카톨릭 신도가 적을 경우나 장례식장이 성당이 아닌 경우에는 장례 설교와 감사 의례로 행해지는 미사 의식 가운데 감사 의례는 생략하는 경우도 있다.

장례의식 절차는 성경 구절 낭독과 성가, 사자를 위한 기도, 관에 대한 헌향(献香)과 참가자의 헌화 혹은 분향, 유족 대표의 인사 등의 순으로 진행된다. 장례 미사와 일반 미사의 차이점은 식장의 장식과 성경 구절, 성가, 기도, 설교 내용 등에 있어서 장례식에 어울리게 한다는 점이다. 미사에 이어 고별식이 행해지는데, 일반적인 장례와 같이 고인의 소개, 조문의 말, 조전(弔電) 소개, 헌화, 유족대표 인사 등으로 구성된다. 사제 신부의 복장 색깔은 지역이나 의미에 따라 조금씩 다른데, 주로 검은색이나 자주색 혹은 백색 등의 옷을 입는다. 사후에는 고인을 위해 1주기라든지 기일 혹은 사자의 날인 11월 2일에 미사나 추도기도회를 가진다.

개신교의 장례는 일본의 쓰야와 같은 전야식(前夜式)이 있는데, 교회에서 행하기도 하고 자택에서 행하기도 한다. 물론 신도식에서 보이는 것처럼 시신을 지킨다는 주술적인 의미를 가지는 것은 아니다. 고별식은 예배와 같은 형식이며 일요일의 일반 예배와 마찬가지로 진행된다. 순서는 기도, 성경 낭독, 설교, 찬송가, 축복 등으로 구성된다. 경우에 따라서는 고인의 약력과 기억 소개, 지인이나 친구에 의한 추도사, 유족 인사, 헌화 등이 추가되기도 한다.

일본의 경우 기독교 신자의 비율이 적기 때문에 개신교적 내용을 강조하기보다는 비신도인 참석자에 대한 배려가 우선되는 경우가 많다. 다만 차이점이라고 한다면, 분향 대신에 헌화를 한다든지 조위금 봉투에 '향전(香典)'이나 '불전(仏前)'이라고 쓰는 대신 꽃값이라는 의미로 오하나다이(おはなだい 御花代), 오하나료(おはなりょう 御花料)라고 쓴다. 도모비키날을 피하는 것은 카톨릭식과 같이 화장장의 휴무 때문이고, 신도식과 같이 소금을 뿌리지 않는 것은 죽음을 부정하다고 보지 않기 때문이다.

4) 제례

(1) 신도식

신도식의 제례는 미타마마쓰리(みたままつり 霊祭)라 부르는데, 일반적으로 자택이나 묘소 앞에서 행한다. 장례식 다음 날을 익일제(翌日祭), 죽은 날부터 10일마다 10일제, 20일제, 30일제, 40일제로 이어지며, 50일제 때에 탈상을 하고, 다음날부터 일상생활로 돌아간다.

익일제는 자택에서 불단의 위패에 해당하는 영새(霊璽)나 묘소에 장례가 무사히 끝났다는 것을 알리는 의식이다. 이어지는 10일제는 불교의 초칠일 법요에 해당한다. 미타마마쓰리 때에는 고인의 초상이나 사진, 추억의 물품들로 장식하고, 신주(神主)에 축사(祝詞)를 올리며 다마구시를 바치는데, 이는 불교의 분향에 해당한다. 이후 함께 식사를 하면서 상주나 친구 대표자가 인사를 한 후 헌배를 하며 고인을 회상하는 시간을 가진다.

불교의 49일에 해당하는 50일제는 탈상하는 기일로 불제를 하고, 가미다나(かみだな 神棚)나 선조 영혼의 집을 의미하는 조령사(祖霊舎)의 흰 종이를 벗긴다. 이때 고인의 영새를 조령사에 옮겨 합사하게 되면, 고인은 집안의 수호신인 우지가미(うじがみ 氏神)가 된다고 한다.

이후 기일로부터 100일째에, 1년째 기일에 1년제, 만 3년째에 3년제, 5년째에 5년제, 10년째에 10년제, 20년제, 30년제, 40년제, 50년제로 미다미마쓰리가 이어진다. 조령사에 모셔진 혼령은 가족의 조상령이 되어 후손들과 일상생활을 같이 하며 매월 1일과 15일에 제물을 받는다. 기일에는 가족 모두에게 배례를 받고, 춘분 날과 추분 날 전후인 피안(彼岸) 때에는 성묘를 받으며 자손을 수호하는 역할을 하게 된다.

미타마마쓰리는 불제 의식, 축사 봉정, 다마구시 봉정, 회식 순 등으로 진행된다. 초대 참석자의 경우, 상주의 준비를 위해 안내장을 받으면 될 수 있는 한 빨리 출결 여부를 회신한다. 참석이 어려울 경우에는 사과 인사와 함께 과자나 과일, 꽃이나 부의금 등을 보내는데, 신도식의 경우 흰색 사용이 기본이기 때문에 꽃도 흰꽃을 보낸다. 출석할 경우에는 물품이나 현금을 지참하는데 고인과의 관계 여부에 따라 차이가 있겠지만, 1만엔 전후로 하는 것이 일반적이라 할 수 있다. 부의금

봉투에는 고신젠(ごしんぜん 御神前), 온타마구시료(おんたまぐしりょう 御玉串料), 오소나에(おそなえ 御供), 고신센료(ごしんせんりょう 御神饌料) 등으로 쓴다.

(2) 불교식

제례는 선조의 영에게 제사 지내는 일로 법사(法事)나 오봉(おぼん 御盆) 등의 행사를 포함한다. 법사는 법요(法要)라고도 하는데, 유족들이 고인을 그리워하며 명복을 비는 추선공양(追善供養)으로 극락정토에 왕생할 수 있도록 하는 의식이라 할 수 있다. 오봉 때는 한국의 추석과 같이 후손들이 귀성하여 선조의 묘소에 성묘를 한다.

불교에서는 사람이 죽은 기일부터 7일마다 7번의 법요를 행하는데, 일반적으로 친척이나 친구 등을 초대하는 행사는 초칠일과 마지막인 칠칠일(49일)이며, 나머지는 유족들 중심으로 공양을 한다. 이는 죽은 사람의 혼은 49일간 떠돌아다닌다고 생각하기 때문이며, 법요를 통해 7일마다 극락왕생을 기원하는 것이다. 이 기간을 중유(中有) 혹은 중음(重陰)이라고 하며, 49일까지의 기간을 기중(忌中) 혹은 상중(喪中)이라고 하여 결혼식이나 축하연, 신사 참배 등을 하지 않고 근신한다. 그 중에서도 49일째인 칠칠일을 만중음(満中陰)이라 하여 중요시 하는 것은, 이 때 사자의 혼이 새로운 삶을 얻는다고 믿기 때문이다.

사후 100일 후에는 '백일법요'를 행하고, 49일 법요가 끝난 후 처음 맞는 오봉을 '아라봉(あらぼん 新盆)'이라 하여 친척과 친구, 지인을 초대해서 성대한 법요를 행하기도 한다. 그리고 1년째에 1주기(周忌) 법

요를 행하고, 이후 2년째에는 3회기(回忌), 6년째에 7회기, 12년째에 13회기, 16년째에 17회기, 22년째에 23회기, 24년째에 25회기, 26년째에 27회기, 32년째에 33회기, 49년째에 50회기의 법회를 각각 행한다. 일반적으로 33회기를 마지막으로 법요를 끝내는 경우가 대부분이지만, 경우에 따라서는 17회기, 50회기를 마지막으로 끝내기도 한다.

법요의 대충의 흐름을 보면, 우선 상주와 유족, 참석자의 착석, 시작 인사 및 승려 입장, 승려 독경, 참석자의 분향, 독경과 설법, 승려 퇴장, 상주의 마침 인사, 회식, 상주의 인사, 참석자에 대한 선물 증정 순으로 진행된다. 초대 참석자의 경우, 49일 법요나 1주기 법요에 초대 받은 사람은 될 수 있는 한 참석하는 것이 예의이다. 부득이한 경우에는 사과 인사와 함께 꽃이나 제물, 제물비 등을 보내며, 유족측의 음식이나 선물 준비를 고려하여 빠른 시일 내에 출결 여부를 반송 엽서로 회신한다. 참석자는 검정색 예복이나 약식 예복을 착용하며, 부의에 해당하는 향전(香典)의 금액은 법요 시에 제공되는 음식이나 증정 선물의 가격을 예상하여 준비하는 것이 일반적이다.

(3) 기독교식

기독교의 사생관에는 예수그리스도의 부활 신앙이 내재되어 있으므로 죽음을 부정한 것으로 보는 신도나 고(苦)로부터의 해탈로 보는 불교와는 다르다. 영혼은 사후에 하나님의 곁에서 영생의 삶을 시작하거나, 천국으로 초대되어 하나님을 모시는 삶을 살아간다고 생각하므로 죽음을 축복으로 본다는 점이다. 카톨릭의 경우 장례식을 미사라고 부르고, 개신교에서는 예배라고 하며, 성직자 호칭은 카톨릭은 신부, 개신교는 목사로 부르는 차이점이 있다.

카톨릭에서는 법요의식을 추도미사라고 표현한다. 고인의 사후 3일째, 7일째, 30일째에 유족이 친척, 친구, 지인 등을 초대하여 성당에서 추도미사를 행한다. 사후 1년 후의 승천일(昇天日)에는 불교의 1주기에 해당하는 '사자기념미사'를 집행한다. 1년 이후에는 신도 및 불교와는 달리 특별한 추모행사가 없지만 유족이나 소속 성당의 의향에 따라 10년째, 20년째에 성대한 미사를 행하는 경우도 있다. 추도미사는 일반적으로 성가 제창, 기도, 성경 낭독 등의 순서로 진행되고 이후 성당이나 집에서 다과회를 가지면서 고인을 추모하는 의식이다. 이외 카톨릭교회에서는 11월 1일을 '만성절(万聖節)'이라 하여 죽은 모든 성인(聖人)을 기념하는 미사를 행하며, 전날 밤에 행하는 할로윈날에는 묘지를 방문하여 청소를 하거나 묘소에 꽃을 바치기도 한다.

개신교에서는 제례의 예배를 기념집회라고 하며, 죽은 후 7일, 10일, 30일에 소속교회나 자택에서 행한다. 이후 1년, 3년, 7년, 10년 후의 소천(召天) 혹은 승천기념일에는 교회에서 예배를 행하는 경우가 많다. 기념집회의 순서는 찬송가를 부르고 목사의 설교를 들은 후, 기도를 하는 방식이다. 자택에서 행할 경우에는 목사와 친척, 친구, 지인들을 초대하여 영정사진이나 성경, 십자가 등으로 장식한 제단에 예배를 올린다. 예배 후에는 카톨릭교와 같이 다과회를 하는 시간을 가지면서 고인을 추모한다.

기독교식의 미사나 예배에 참석할 경우, 안내장에 대한 참가 회신은 필요하지 않지만, 행사 장소인 교회나 자택을 방문할 때에는 신부나

목사가 입실하기 10분 전쯤에 입실하여 기다리는 것이 예의이다. 복장은 정장이 아닌 일상복이라도 상관은 없으나, 지나친 노출이나 화려한 복장은 피하는 것이 좋다. 부의금에는 카톨릭의 경우에는 오하나료(おはなりょう 御花料), 온미사료(おんみさりょう 御ミサ料), 고레이젠(ごれいぜん 御霊前)이라 표기하며, 개신교의 경우에는 오하나료(おはなりょう 御花料), 기위료(忌慰料) 등으로 표기한다. 부의금 금액은 고인과의 관계에 따라 차이가 있지만, 친구나 지인의 경우에는 5000엔에서 1만엔 정도가 일반적이다.

그리고, 원래 기독교식은 받은 부의에 대한 답례의 형식인 고덴가에시(こうでんがえし 香典返し)라는 습관이 없었다. 최근에는 불교식과 신도식의 영향으로, 카톨릭교의 경우에는 사후 30일의 추모미사 때에 답례품을 주기도 하며, 개신교의 경우 사후 한 달 후에 거행되는 승천기념일 때에 답례품을 증정하는 경우가 많다.

7강

의식주 문화

의식주란 인간이 살아가는 데 필요한 기본 요소인 옷과 음식, 집을 말한다. 옷은 추위를 견딜 수 있도록 몸을 보호하는 물건이며, 음식이란 생명체를 유지하기 위해 영양을 얻는 행위로 인간의 경우 자연물을 그대로 섭취하는 것이 아니라 대부분 조리 단계를 거쳐 얻는다. 집은 인간의 활동에 따른 휴식과 수면을 확보하기 위한 장소라고 할 수 있다. 이러한 의식주는 그 지역의 기후나 환경 등에 의해 영향을 많이 받을 수밖에 없다. 일본의 경우 사계절이 뚜렷하고, 섬이라는 요인에 따른 해양성 기후, 산지의 나라로 불릴 정도로 평지가 부족한 것 등의 요소는 일본인의 의식주 문화를 만들어가는 데 직간접적으로 많은 영향을 미쳤다고 할 수 있다. 이 장에서는 일본의 의복생활, 식생활, 주거생활로 나누어 살펴보기로 한다.

1) 의복생활

현대 일본인은 일상생활에서는 현대화된 양복이나 활동에 편리한 다양한 종류의 옷을 입는다.그리고 성인식이나 결혼식, 맞선, 장례식 등 특별한 행사가 있거나 마쓰리가 있을 때는 일본의 전통의상을 입는다. 그 전통의상을 기모노(きもの 着物)라고 하는데, 이것은 입다라는 뜻의 '기루(きる 着る)'와 물건이라는 모노(もの 物)'의 합성어로 '입는 것'이라는 의미이다. 헤이안시대의 귀족들의 옷에서 유래되어 에도시대를 거치면서 일본인의 복장이라는 의미로 자리잡았다. 메이지유신 이후 서양의복이 일본에 들어오면서 오늘날에는 전통적인 일본옷을 통틀어 와후쿠(わふく 和服)라고 부른다.

와후쿠에는 성인 남성용과 여성용, 아이용 등이 있으며 성인 남녀용은 정장과 평상복, 정장과 평상복의 중간 형태의 옷 등으로 나눌 수 있다. 성인 여성의 정장은 주로 결혼식이나 서훈(叙勳), 다회(茶会) 등의 의식용으로 많이 입는다. 오늘날에는 이전과 달리 정장의 형태도 전국적으로 통일되어 있다. 예를 들면 격식이 높은 예식의 옷으로 앞면과 뒷면의 무늬가 같은 띠인 마루오비(まるおび 丸帶)의 경우 기생인 게이샤(げいしゃ 芸者)나 어린 기생인 마이코(まいこ 舞子), 혼례 신부 등의 의상에만 한정하여 사용하고, 일반 여성은 뒷면을 무지로 한 후쿠로오비(ふくろおび 袋帶)를 한다.

격식이 있는 정장용 와후쿠의 옷감에는 큼직한 그림 무늬가 염색되어 있는데, 겨드랑이와 소매, 옷 앞섶의 꿰맨 솔기, 등 부분의 맞붙여 꿰맨 곳의 문양이 연결되어 있다. 축하 예식용의 와후쿠에는 칠보, 봉황, 학, 거북, 귤 등의 상서로운 문양을 염색하거나 예전 귀족들이 선호하던 보물선이나 대궐, 노송나무 부채, 약주머니 등의 화려한 문양을 사용하는 경우가 많다.

여성 정장의 종류에는 기혼여성이 입는 도메소데(とめそで 留袖)와 미혼 여성이 입는 후리소데(ふりそで 振袖)가 있고, 도메소데에는 구로토메소데(くろとめそで 黒留袖)와 이로토메소데(いろとめそで 色留袖)가 있다. 구로토메소데의 옷감은 바탕을 흑색으로 염색하고 등과 양 소매, 양 겨드랑이에 5개의 흰무늬 문양인 이쓰쓰몬(いつつもん 五つ紋)을 새긴다. 큼직한 그림 무늬인 에바(えば 絵羽)문양은 허리 아래에만 배치한다. 이로토메소데는 바탕색을 흑색 이외의 색깔로 염색한 것으로 원래는 기혼여성의 정장이지만 최근에는 미혼여성이 입는 경우도 있다. 따라서 도메소데는 일반적으로 기혼여성이 착용하는 가장 격식이 높은 예식 복장으로 서양의 이브닝 드레스에 해당되지만, 시간의 제약을 받지 않고 낮에도 입을 수 있는 점이 이브닝드레스와의 차이라 할 수 있다. 후리소데는 에바문양이 있는 정장으로 주로 미혼여성이 입는다. 소매의 길이에 따라 대·중·소로 나뉘고 소매길이가 긴 것은 주로 혼례복에 사용하고, 성인식 등에는 중간 소매로 하는 경우가 많다.

여성용 나들이 옷인 호몬기(ほうもんぎ 訪問着)는 미혼, 기혼의 구별이 없으나 에바문양이 있는 정장으로 무늬를 넣는 경우도 있다. 옷감은 바탕이 오글쪼글한 비단인 지리멘(ちりめん 縮緬)이나 고운 생사로 짠 견직물인 린즈(りんず 綸子), 윤기가 도는 비단인 슈스(しゅす 繻子)가 주로 사용되지만 명주로 만드는 경우도 있다. 하지만 명주로 된 것은 격식 있는 자리에는 착용하지 않는다.

그리고 호몬기와 같은 약식 예복으로 쓰케사게(つけさげ 付け下げ)가 있는데, 원단 그대로 염색을 하며 호몬기보다 무늬가 적고 옷고름과 어깨, 옷자락의 앞판과 섶의 무늬가 이어져 있지 않다. 상복의 경우, 이쓰쓰몬이 새겨진 흑색 바탕의 옷을 입는데, 약식으로는 회색, 갈색, 검푸른색의 수수한 바탕으로 된 옷에 흑색 띠를 두르기도 한다.

여성의 평상복으로는 고몬(こもん 小紋)과 쓰무기(つむぎ 紬), 유카타(ゆかた 浴衣) 등이 있다. 고몬은 옷감 전체에 작은 문양이 있는 옷으로 문양의 크기라든지 배열이 자유로운 대신 일반적으로 예식복이나 정장으로는 착용하지 않는다. 쓰무기는 명주로 짠 견직물이나 목면으로 짠 옷감으로 만든 것으로 정장으로는 입지 않고, 외출복이나 멋을 부린 옷 혹은 작업복 등으로 입는 경우가 많지만 근래에는 약식 정장으로 입는 경우도 있다. 유카타는 일반 와후쿠와 달리 여성용 긴 속옷인 쥬반(じゅばん 襦袢)을 입지 않고 맨몸 위에 입는 간편복이다. 옷감은 목면이며 유카타비라(ゆかたびら 湯帷子)의 약칭이다. 고대에는 다른 사람들과 입욕을 할 때 땀받이나 맨몸을 감추기 위한 목적으로 물이 잘 마르는 삼베가 사용되었다고 한다. 에도시대 이후 서민들이 애용하는 옷으로 자리잡았다.

남성용 정장은 긴옷인 나가기(ながぎ 長着)와 겉옷인 하오리(はおり 羽織), 바지인 하카마(はかま 袴)의 3부분으로 구성된다. 나가기는 검은색의 결이 고운 견직물 옷감으로 만드는데 5개의 가문 문양이 박혀 있는 겉옷이다. 흰버선에 일본식 짚신인 조리(ぞうり 草履)와 함께 입는다. 신발끈과 부속 도구의 색깔은 경사 때에는 흰색, 상사(喪事) 때에는 검은색으로 한다. 위에 걸치는 짧은 겉옷인 하오리를 입기도 하

는데, 차모임 등과 같은 장소에서는 입지 않는다. 하카마는 바지 형태와 치마 형태로 나뉘는데, 전자가 보다 정장용이라 할 수 있다.

남성용의 일상복으로는 문양이 없는 이로무지(いろむじ 色無地)와 유카타, 하오리와 비슷한 짧은 겉옷의 하나인 핫피(はっぴ 法被), 작업복 등이 있다. 하오리의 경우는 일반적으로 일상복에서는 입지 않는다. 그리고 여름용으로 길이와 소매가 짧고 앞을 여미어 끈으로 매는 진베(じんべい 甚平)가 있고, 소매가 넓고 솜을 두껍게 넣은 겨울용 옷인 단젠(たんぜん 丹前) 등이 있다.

2) 식생활

와쇼쿠(わしょく 和食)라고 불리는 일본요리는 2013년에 유네스코 무형문화유산에 등재되었다. 와쇼쿠라는 말은 메이지시대 일본에 들어온 서양요리나 양식에 대응하는 형태로 만들어진 단어이다. 일본음식은 본래의 맛을 살리고, 계절감을 중시하므로 제철에 나는 재료를 활용하는 요리법을 중시한다. 또한 쌀을 주식으로 하며 사면이 바다로 둘러쌓인 지리적 영향으로 고기요리보다 생선요리가 일찍부터 발달하였다.

일본은 전통적으로 불교의 영향으로 인해 육류를 활용하는 조리법이 그다지 발달하지 못하였다. 역사적으로도 에도시대인 17세기 말 5대장군인 도쿠가와 쓰나요시(とくがわ つなよし 徳川綱吉)에 의한 일종의 동물살상금지령인 '쇼루이 아와레미노 레이(しょうるいあわれみ

のれい 生類憐れみの令)'로 인해 육식이 금지되었다가, 메이지시대에 이르러 공식적으로 해제되어 육식이 일반화되게 되었다.

일본음식은 오법(五法), 오미(五味), 오색(五色)을 중시한다고 한다. 오법이란 날 것으로 먹기(生 なま), 삶기(煮る にる), 굽기(焼く やく), 찌기(蒸す むす), 튀기기(揚げる あげる)이다. 오미란 신맛(酸味), 쓴맛(苦味), 단맛(甘味), 매운맛(辛味), 짠맛(塩味)을 의미하는데, 담백한 맛(淡味)을 추가하여 육미라고도 한다. 맛을 내는 조미료의 순서는 사시스세소(さしすせそ)라고 하여 설탕(砂糖 さとう), 소금(塩 しお), 식초(酢す), 간장(醬油 セウユ[しょうゆ]), 된장(味噌 みそ)의 차례대로 넣는다. 오색은 흰색(白), 흑색(黒), 황색(黄), 적색(赤), 청색(青) 혹은 녹색(緑)인데, 백은 청결감, 흑은 긴축감, 황과 적은 식욕감, 청록은 안심감을 의미한다.

현재 전해지는 전통요리로는 정월 요리인 오세치(おせち 御節)요리, 연회 등의 의식용 요리인 유소쿠(ゆうそく 有職)요리와 혼젠(ほんぜん本膳)요리, 사원 등에서 만드는 쇼진(しょうじん 精進)요리, 연회나 회식을 위한 가이세키(かいせき 会席)요리, 다도의 식사인 가이세키(かいせき 懐石)요리 등이 있다.

유소쿠요리는 원래 헤이안시대 중국의 당나라로부터 일본에 전해진 것으로 큰 상 위에 모든 음식을 올리는 다이반(だいばん 台盤)요리에서 비롯된 헤이안 귀족들의 향연음식이다. 사교의례에서 쓰였던 다이쿄(たいきょう 大饗)요리도 귀족들의 유소쿠요리가 변형된 것이라 볼 수 있다. 하지만 가마쿠라시대에 들어서면서 무사들의 사회적 지위가 상승되고, 공가 귀족들은 경제적 부담으로 인해 이러한 향응요리

를 유지하기 어렵게 되었다. 무로마치시대에 이르면 무사들도 귀족인 공가(公家)의 접대음식의 영향을 받아 무사들의 향응요리인 혼젠요리가 만들어졌다. 이와 더불어 공가도 무가 음식의 자극을 받아 독자의 유소쿠요리가 만들어지게 되었다. 이런 까닭으로 오늘날에는 유소쿠요리를 혼젠요리에 포함하여 설명하기도 한다.

혼젠요리는 맛으로 먹는다기 보다는 눈으로 보는 의식적인 의미를 가진 음식이라 할 수 있다. 가마쿠라시대 이후 무사들이 정치적 우위를 차지하게 되었다. 당시 무사들 사이에서는 정월에 하급무사인 고케닌(ごけにん 御家人)이 장군인 쇼군(しょうぐん 将軍)에게 요리를 헌상하는 오반(おうばん 椀飯)이라는 의식이 있었다고 한다. 무로마치시대에 이르면 무사들의 정치적, 경제적 위치가 공가(公家) 귀족보다 우위에 올라서게 되었다. 막부도 가마쿠라에서 교토로 다시 이전하게 되자 공기 요리의 영향을 받아 무가의 예법에 맞는 화려한 정찬 음식인 혼젠요리가 만들어졌다. 에도시대에 이르면 혼젠요리가 무가의 접대 음식으로 자리 잡았으나 메이지시대 이후에는 쇠퇴하였다. 오늘날에는 혼례 때 행하는 산산쿠도(さんさんくど 三々九度)등과 같은 관혼상제의 의례적인 요리로 남게 되었다. 산산쿠도는 결혼식 때의 헌배(献杯)로 신랑과 신부가 하나의 잔으로 술을 세 번씩 마시고, 세 개의 잔으로 모두 9번을 마시는 주법을 말한다.

혼젠요리는 혼젠(ほんぜん 本膳), 니노젠(にのぜん 二の膳), 산노젠(さんのぜん 三の膳) 등으로 구성되어 있는데, 다리가 달린 상에 연회 참석자 각 개인에게 제공된다. 상차림은 밥과 국 하나와 반찬 가지 수에 따른 1즙3채, 2즙5채, 3즙7채 등의 종류가 있는데, 필요에 따라 국과 음식 수는 더해지기도 한다. 배식 순서와 먹는 방법 등 형식이 정해져 있으며, 찬의 종류나 그릇의 종류는 신분이나 직위에 따라 바뀌었다고 한다. 요리와 함께 술자리 예법으로 시키산콘(しきさんこん 式三献)이 있다. 이것은 한 잔, 두 잔, 세 잔의 술과 술안주의 상을 세 번 바꾸는 것으로, 그 때마다 대·중·소 크기의 잔으로 한 잔씩 반복하여 9잔의 술을 권하는 법이다.

사찰음식인 쇼진요리는 불교의 계율을 기반으로 살생이나 자극을 피하도록 조리된 음식으로 중국에서 전래되었는데, 가마쿠라시대 선종이 전래됨으로써 보다 발달하였다. 쇼진요리의 특징은 첫째, 동물성 재료를 금기시한다는 점이다. 소승불교와는 달리 대승불교에서는 승려의 육식이 금지되어 있기 때문에 콩이나 곡물, 채소 등으로 조리하는 채식요리가 발달하였다. 둘째, 오훈채(五葷菜) 혹은 오신채(五辛菜)라고 불리는 자극성이 있는 마늘, 부추, 파, 염교, 달래 등의 다섯가지 채소를 금기시한다는 것이다. 이들 채소는 냄새가 강하여 번뇌를 자극한다고 여겨지기 때문이다. 지역에 따라서는 산초, 생강, 고수풀 등을 포함시키는 경우도 있다.

가이세키(かいせき 会席)요리는 연회나 회식의 코스 음식으로, 와카(わか 和歌)의 상구(上句)와 하구(下句)를 번갈아 읽는 렌가(れんが 連歌)나 하이쿠(はいく 俳句) 등의 모임에서 접대하는 음식이며, 혼젠요리를 간략화한 것이라 할 수 있다. 식단은 1즙3채가 기본이다. 3채의 반찬은 음식점에 따라 달라질 수 있는데 보통 생선회, 국, 익힌 음식, 구운 음식, 구운 생선 등의 음식과 함께 전채, 튀김, 찐음식, 무친 음식, 식초 양념 음식 등이 추가되며, 밥과 된장국, 절인 음식, 과일 등으로

마무리 된다. 메이지시대 이후에는 육류가 추가되거나 후식으로 양과자가 나오는 경우도 있다. 요즘은 주연(酒宴)을 겸하기 때문에 고급화되는 경향이 있다.

가이세키(かいせき 懐石)요리는 다도 때의 식사로 차를 마시기 전에 제공되는 간단한 요리를 말한다. 가이세키란 선종에서 추울 때 돌을 가열하여 천에 싸서 품에 넣는 난방구를 의미한다고 한다. 가이세키(会席)와 가이세키(懐石)는 발음은 같으나 요리를 제공하는 목적이 다르다. 전자는 술을 즐기기 위한 것이 주된 목적이며 후자는 차를 맛있게 마시기 위한 요리라 할 수 있다. 음식점에서 음식을 제공하는 순서도 가이세키(懐石)의 경우는 밥과 국이 처음에 나오지만, 가이세키(会席)의 경우에는 마지막에 나온다.

3) 주거 생활

2차세계 대전 이후 고도성장기를 거치면서 일본인의 주택은 서양주택의 영향으로 공법이나 형태에 있어서 많은 변화를 보이고 있다. 철근을 이용한 아파트나 맨션 등의 집합건물도 있지만, 개인주택은 아직도 2층의 목조주택에 다타미(たたみ 畳)가 깔린 일본식 방인 와시쓰(和室)가 있는 형태가 많이 선호되고 있다.

고대에는 지면을 원통이나 방형으로 파서 여러 개의 기둥을 세우고 갈대 등으로 지붕을 만든 수혈식(竪穴式) 주거나 지면에 기둥을 세우고 그 위에 마루를 깔아 만든 고상식(高床式) 주거였다. 헤이안시대가

되면 귀족들의 거주지로서 신덴즈쿠리(しんでんづくり 寝殿造)가 만들어지고, 무로마치시대 말기부터는 공가나 무가들의 주택이 선종(禅宗)의 서원 건축 양식을 수용하여 쇼인즈쿠리(しょいんづくり 書院造)라는 형식으로 바뀌었다. 쇼인즈쿠리는 현관과 장식 공간인 도코노마(とこのま 床の間), 쇼지(しょうじ 障子)라 하는 장지문, 후스마(ふすま 襖)라 하는 맹장지, 선반 등이 갖추어진 형태의 집이다. 이러한 구조가 오늘날의 일본식 주택의 원류가 되었다고 볼 수 있다.

일본의 전통 주택은 고온다습한 기후의 영향으로 기본적으로 겨울형이라기보다 여름형 주거라고 할 수 있다. 따라서 지붕이 높고 한국의 온돌과 같은 난방시설이 없기 때문에 겨울의 추위에는 취약한 면이 있다. 오늘날 일본 주택의 종류에는 개인주택인 잇코다테(いっこだて 一戸建て)와 맨션이나 아파트, 단지, 공단주택 등의 집합주택, 칸을 막아서 여러 가구가 살 수 있도록 길게 만든 연립주택인 나가야(ながや 長屋), 다이쇼(たいしょう 大正)시대 이후 유행한 화양(和洋)절충식의 문화주택 등이 있다.

그리고 거주자의 직업이나 장소 등을 기준으로 하여 상가, 농가, 도시에 사는 상인들의 집인 죠카(ちょうか 町家) 등으로 나누기도 한다. 민가의 일종인 죠카는 마치야(まちや 町家)라고도 부르는데, 에도시대의 도시민인 죠닌(ちょうにん 町人)들이 사는 주택으로 점포와 집이 결합된 도시형 주택이라 할 수 있다.

도시의 죠카에 비해 농촌의 일반적인 민가는 밭 전(田)자 모양의 배치를 하고 있다. 집안에 화로가 있으며 화로 주위에서 식사를 하는 구조로 되어 있다. 또한 집안에는 토방이 있고, 토방에는 취사시설인 부뚜막이 있으며 마구간도 있다. 토방에서는 새끼를 꼬거나 양잠이나 베짜기 등을 할 수 있는 등 생업과 관련된 형태로 만들어져 있다. 지붕은 갈대나 삼나무의 껍질, 기와 등의 재료를 사용한다.

농가의 또 다른 전통 건축 양식의 하나로 지붕의 경사가 급하고, 손바닥을 합친 것 같은 삼각형 모양의 갓쇼즈쿠리(がっしょうづくり 合掌造)라는 것이 있다. 지붕을 매우 경사지게 만든 이유는 여름에 비가 많이 내리거나 겨울에 눈이 많이 내릴 경우 배수를 충분히 고려한 것이다. 그리고 지붕의 높이가 높은 만큼 집안의 공간을 2층 혹은 3층으로 나누어 양잠업 등에 활용할 수 있게 되어 있다.

일본 전통주택의 특징을 살펴보기로 하자. 먼저 지붕의 형태에 따라 몇 가지로 나눌 수 있는데, 기리즈마즈쿠리(きりづまづくり 切妻造) 양식은 서일본에 많이 보이는 맛배형 지붕이고, 요세무네즈쿠리(よせむねづくり 寄棟造)는 동일본에서 많이 보이는 우진각 지붕 양식이다. 그리고 격식이 있는 팔작지붕의 이리모야즈쿠리(いりもやづくり 入母屋造) 양식이 있고, 사원이나 신사 건축에 많이 사용되는 4각뿔 모양 지붕인 호교즈쿠리(ほうぎょうづくり 宝形造) 양식이 있다.

일본 전통식 가옥의 다타미를 깐 방인 와시쓰(わしつ 和室)에는 침실과 거실 외에 갸쿠마(きゃくま 客間)라는 객실용 공간이 있다. 도코노마는 객실 다타미방의 한 쪽 벽면의 장식 공간으로 그림이나 관상용 장식물을 두는 곳이다. 원래는 불가에서 유래한 것으로 널빤지나 선반에 불상을 두는 용도였으나 이후 무가에 전해지면서 불화나 불구(仏具)와 같은 장식물을 두는 공간으로 발전하였다. 전형적인 객실에는 도코노마와 지가이다나(ちがいだな 違い棚), 쓰케쇼인(つけしょい

ん 付け書院)의 3가지가 갖추어져 있다. 지가이다나란 도코노마에 설치하는 것으로 두 개의 판자를 아래와 위로 어긋나게 달아낸 선반을 말하고, 쓰케쇼인이란 도코노마 옆의 툇마루에 내달아 붙인 돌출창과 같은 부분을 말한다. 그 배치는 정면 안쪽에 도코노마, 옆쪽에 지가이다나 그리고 도코노마의 채광쪽의 안쪽에서 앞쪽으로 툇마루를 달아낸 쓰케쇼인의 형식으로 되어있다.

방에는 주로 다타미가 깔려있는데, 다타미는 일본의 전통적인 마루재로 골풀을 재료로 하여 널빤지 형태로 짜서 만든 것으로 가장자리는 띠모양의 천으로 꿰메어 붙이기도 한다. 다타미 형태는 장방형과 정방형의 두 종류가 있고, 크기는 3척x6척(91㎝ x 182㎝)이 기본이다. 지역에 따라서는 교토를 중심으로 서일본 지역에서 널리 사용하는 교마(きょうま 京間)와 나고야(なごや 名古屋)지방 등에서 사용되는 쥬쿄마(ちゅうきょうま 中京間), 도쿄를 중심으로 하는 관동지방의 에도마(えどま 江戸間), 그리고 아파트와 같은 단지에 사용하는 단치마(だんちま 団地間) 등의 크기가 있다.

방과 연관이 있는 문으로는 후스마(ふすま 襖)와 쇼지(しょうじ 障子), 아마도(あまど 雨戸) 등이 있다. 후스마는 나무로 만든 뼈대의 양면에 종이나 천을 바른 것으로 테두리가 있고 손잡이가 붙어 있어 밀고 닫을 수 있는 문으로 일반적으로 방과 방 사이에 설치한다. 쇼지는 빛이 통할 수 있도록 나무틀에 창호지를 바른 문으로 원래는 가리는 용도이기 때문에 넓은 의미에서 볼 때 후스마나 문, 병풍, 칸막이, 커턴, 브라인드 등도 이에 포함된다. 아마도는 비와 바람, 방범, 가리개, 차광 등의 용도로 사용되는 덧문으로 창이나 정원으로 나가는 문 등의 바깥쪽에 설치하는 문이다.

그리고 방안에는 수납공간인 오시이레(おしいれ 押入れ)가 있는데, 침구나 의류, 도구 등을 수납할 수 있는 공간으로 방 한 쪽 벽면의 전체에 설치하며 후스마로 칸막이를 만든다. 오시코미(おしこみ 押込み)라고도 부르는데, 오시이레 안쪽에는 중간에 널빤지를 설치하여 상하의 2단으로 나누어 사용한다. 이부자리는 주로 위쪽에 넣고, 아래쪽은 사용하지 않는 가구 등을 넣어 두기도 한다.

8강

종교문화

2017년 일본 문화청에서 발간한 『종교연감(宗教年鑑)』에 따르면 종교 신자의 수는 신도계가 84,739,699명(46.5%), 불교계가 87,702,069명(48.1%), 기독교가 1,914,196명(1.1%), 기타 종교가 7,910,440명(4.3%)으로 이들 수를 더하면 모두 182,266,404명이 된다. 그런데 2017년 총무성 통계국의 조사에 의하면 일본 인구는 126,706,000여 명으로 종교인구 수가 전체 인구 수의 0.5배 정도 많다. 이는 일본인의 중층적인 종교관에 따른 것으로 이해할 수 있다.

오늘날 일본은 신도와 불교 인구가 다수를 차지하고 있지만 국교가 존재하지 않고, 종교의 자유가 보장된 국가이다. 이 점은 일본국 헌법에서도 확인이 가능하다. 일본국 헌법 20조의 1항에는 "신교(信教)의 자유는 어떤 사람에 대해서도 이것을 보장한다. 어떠한 종교단체도 국가로부터 특권을 받거나 정치상의 권력을 행사해서는 안된다." 그리고 3항에는 "국가 및 그 기관은 종교교육 그 외 어떠한 종교적 활동도 해서는 안된다."라고 명시되어 있다.

신도와 불교가 중복되는 양상을 신불습합(神仏習合) 혹은 신불혼효

(神仏混淆)라고 하는데, 이는 철학이나 종교 등에서 각기 상이한 내용이나 전통을 가진 종파가 혼합하는 싱크리티즘의 하나라 할 수 있다. 일본의 경우 6세기 중반 백제로부터 전래된 외래종교인 불교가 8세기 나라(奈良)시대 이후 일본 토속종교인 신도와 혼합되어 신불습합이 이루어졌다. 이후 19세기 메이지정부의 신불분리령에 의해 신불습합의 관습이 금지될 때까지 천년 이상 지속되었기 때문에 일본인에게 있어 신도와 불교의 구별을 애매하게 만드는 원인이 되었다. 이런 현상은 집안에 가미다나(かみだな 神棚)를 두어 신도의 신에게 기원을 하면서 불단(仏壇)을 만들어 불상을 안치하고 선조공양을 하는 행위에서 엿볼 수 있다.

원래 신도는 토착종교로 혈연이나 지연 등으로 결합된 공동체를 지키는 신앙이었던 데 반해, 불교는 마음의 평안과 영혼의 구제, 국가진호 등으로 목적을 달리하는 신앙이었다. 하지만 출생이나 시치고산(しちごさん 七五三), 성인식 등의 축하행사는 신사에서 담당하고, 장례나 공양 등의 죽음 관련 행사는 불교가 담당하는 방식으로 종교적 기능을 분담하며 공존하는 독특한 종교관을 가지고 있다고 할 수 있다. 이 때문에 오늘날에도 일본인들은 일정한 절에 속하여 시주를 하며 절의 재정을 돕는 단카(だんか 檀家) 조직에 소속되어 있으면서 같은 씨족의 신을 모시는 고향사람들의 집단인 신사의 우지코(うじこ 氏子) 집단에도 소속되어 있는 가정이 많다.

여기서는 오늘날까지 일본인의 종교관에 많은 영향을 미치고 있는 신도와 불교, 기독교에 대해 살펴보도록 한다.

1) 신도

신도(神道)는 일본의 풍토나 일본인의 생활습관 속에서 자연스럽게 형성된 것으로 일본의 전통적 민족신앙과 자연신앙에 바탕한 토착종교이다. 그러므로 그 발생 기원은 죠몽시대까지 거슬러 올라갈 수 있으며, 자연과 신을 일체라고 생각하기 때문에 삼라만상에 신이 내재하고 있다고 보는 다신교로 조상숭배적인 성격이 강하다. 따라서 불교나 기독교와 같은 창시자나 지도자인 교주가 없고 불경이나 성경과 같은 공식적인 경전(経典)이 없다. 다만 교파에 따라서는『고사기(古事記)』,『일본서기(日本書紀)』등의 신대기를 신도의 경전으로 이해하는 경우가 있다.

신도는 명칭에 있어 불교나 기독교 등과 달리 신도라고 부른다. 신도의 신은 야오요로즈노 가미가미(やおよろずのかみがみ 八百万の神々)라고 하는데, 이는 그 숫자가 아주 많다는 의미이다. 모든 만물과 자연현상에는 신이 존재한다고 본다. 이는 애니미즘 신앙과 유사한 것이라 할 수 있다. 따라서 신도는 신의 체현으로서 만물을 받아들이기 때문에 모든 사물이 신과 함께 한다는 의미인 '간나가라노미치(かんながらのみち 惟神の道)'라는 말에서 유래되었다고 할 수 있다. 자연의 신과 인간을 연결하는 구체적인 방법으로 제사를 상정하고 있는데 제사 행위 자체를 매우 중요시한다. 그 제사를 행하는 장소가 신사이자 성역인 것이다.

이처럼 일본인에게 신도의 신은 인간과 매우 가까운 존재로서 지역사회를 지켜주고 현세의 인간에게 은혜를 베푸는 수호신의 개념이 있는 반면, 천재지변 등을 일으켜 죽음이나 병 등의 재난을 불러오는 부정적인 존재로 인식되기도 하였다. 이후 자연신에서 인격신으로, 두려움의 신에서 고귀한 신으로, 정령적인 신에서 이성적인 신으로 변화되어 갔다고 볼 수 있다. 나아가 인간도 죽은 후에는 신이 된다는 생각을 가지고 있기 때문에 뛰어난 인물이나 국가나 지역사회에 공헌한 인물뿐만 아니라 반역자나 원한을 품고 죽은 인물들도 제사의 대상이 되기도 한다.

그 예로서 메이지(めいじ 明治)신궁은 메이지천황을 모시는 곳이고, 닛코도쇼(にっこうとうしょう 日光東照)궁은 에도시대를 개창한 도쿠가와 이에야스(とくがわ いえやす 徳川家康)를, 노기(のぎ 乃木)신사는 러일전쟁에서 여순공략을 지휘하고 메이지천황이 죽었을 때 순사한 노기 마레스케(のぎ まれすけ 乃木希典)를 모시는 곳이다. 또한 야스쿠니(やすくに 靖国)신사와 같이 막말(幕末)에서부터 2차세계대전까지 일본을 위해 죽은 군인들을 신으로 받들어 제사지내는 곳들도 있다.

나라시대 이후 외래종교인 불교가 전래되고 그 영향으로 불교와 신도가 습합하는 신불습합사상이 만들어졌다. 신불습합사상이란 부처가 일본인들을 구제하기 위해 신으로 변화하여 나타났다고 생각하는 본지수적설(本地垂迹説)을 기반으로 하고 있다. 불교의 영향으로 신사 경내에 신궁사(神宮寺)가 세워지고, 신상(神像)이 만들어졌으며 신전독경도 행해졌다. 헤이안시대 후기에 이르면 신도의 이론이 만들어지고 천태종과 진언종의 교리와 혼합되어 산왕(山王)신도와 양부(両部)신도가 성립하였다.

가마쿠라시대 말기에 이르면 이세(伊勢)신도가, 무로마치시대에는 신본불적(神本仏迹)의 반(反)본지수적설을 주장하는 길전(吉田)신도가, 근세에는 유가 등의 영향으로 복고(復古)신도가, 근대에는 국가의 지원을 받는 국가(国家)신도 등이 만들어졌다. 그 외에도 황실신도, 신사신도, 민속신도, 교파신도, 고신도 등이 있다. 1868년에는 신불분리령(神仏分離令)과 폐불훼석(廃仏毀釈) 정책에 의해 제정일치 제도로 환원되었다. 이후 메이지정부는 1875년 신도사무국을 설치하여 이전에 존재하였던 민중신앙적 신도를 13개의 교파로 정리하여 공인하였다. 이를 신도13파라고 한다.

신도는 크게 의례를 중시하는 제사형과 교학을 중심으로 하는 교훈형으로 나눌 수 있다. 전자로는 황실(皇室)신도와 신사(神社)신도, 민속(民俗)신도 등을 들 수 있고, 후자로는 양부와 산왕신도 등과 같은 신불습합계, 유가(儒家)신도나 이세신도 등과 같은 신유습합계, 길전신도와 같은 가원(家元)신도, 국학계(国学系)인 복고신도 등이 있다. 신흥종교인 천리교(天理教)나 금광교(金光教), 흑주교(黒主教) 등이 여기에 속한다.

오늘날의 신도는 종교법인의 하나이며, 신도에 속한 신들을 제신으로 모시는 단체를 신사라고 하고 전국의 신사는 신사본청에서 관리하고 있다. 일본 문화청에서는 복고신도계와 산악신앙계, 계(禊)계, 유교계, 순교조(純教祖)계 등으로 분류하고 있다.

2) 불교

현재 일본에는 약 7만5천개의 사원과 30만개 이상의 불상이 있다고 할 정도로 불교색이 강한 국가라 할 수 있다. 나라(なら 奈良)현에 있는 호류지(ほうりゅうじ 法隆寺)는 세계에서 가장 오래된 목조 사찰로 알려져 있다. 2017년『종교연감』에 따르면 불교 인구는 약 8,770만으로 조사되었다. 이를 2017년 일본 인구의 12,671만여명으로 나누면 약 69%의 비율이 된다. 물론 앞서 지적한 바와 같이 일본인은 종교적 중층성을 가지고 있기 때문에 스스로 불교도라는 강한 자의식의 종교관을 가진 결과라고는 볼 수 없지만, 일본인이 역사적으로 불교와 밀접한 관계를 유지하여 왔음은 부인할 수 없다.

인도에서 발생하여 중국으로 전래된 대승불교는 고대 한국을 거쳐 일본으로 전래되었다. 일본의 공식적인 불교의 전래 시기에 대해서는 538년설과 552년설이 있다. 하지만 어느 쪽을 택하더라도 6세기 중반 백제의 성왕(聖王)이 불상과 경전을 보냄으로써 전래되었다고 할 수 있다. 불교의 수용에 있어서는 도래계 씨족인 소가(そが 蘇我)씨가 주도적 역할을 하였다. 이후 불교는 나라지역을 중심으로 호국불교적 성격을 띠는 국가불교로 자리잡아 가게 된다. 이 시기에는 삼륜종과 성실종, 법상종, 구사종, 화엄종, 율종이라는 남도6종(南都六宗)이 성행하였다.

헤이안시대에 이르면 견당사와 함께 파견되었던 유학승인 사이쵸(さいちょう 最澄)와 구카이(くうかい 空海)에 의해 천태종(天台宗)과 진언종(真言宗) 등이 전래되었다. 가마쿠라시대에 이르면 호국불교적

인 성격에서 민중구제적인 성격으로 변화되어 갔다. 이 시기에 '나무묘법화경(南無妙法蓮華経)'이라는 염불만으로도 구원을 받는다고 하는 일련종(日蓮宗)과 나무아미타불(南無阿弥陀仏)이라는 염불로 구원을 받는다는 정토종(浄土宗), 악인이야말로 아미타불의 구원을 받는 대상이 된다는 악인정기설(悪人正機說)에 바탕을 둔 정토진종(浄土真宗)인 일향종(一向宗), 춤을 추면서 염불을 외우는 융통염불종(融通念仏宗)이나 시종(時宗) 등의 새로운 종파들도 생겨났다.

또한 이 무렵 중국으로부터 임제종(臨済宗)과 조동종(曹洞宗)이라는 선종이 전래되어 가마쿠라를 중심으로 많은 선사(禅寺)들이 만들어졌는데, 대표적인 것으로 가마쿠라(かまくら 鎌倉) 오산(五山)을 들 수 있다. 무로마치시대에는 선종의 5대 사찰인 교토(きょうと 京都) 오산이 성립되었다. 이 시기에 임제종은 막부의 보호를 받게 되고, 조동종은 지방이나 서민들에게 많은 영향을 미쳤으며, 교토의 상공업자들에게는 일련종이 보급되었다.

전국시대 이후에는 치안의 악화와 더불어 불교세력도 무력을 강화하는 등 정치적 세력화를 꾀했으나, 에도시대에 들어서는 사원과 신사를 관장하는 사사봉행(寺社奉行)을 두어 관리 감독하였다. 동시에 모든 일본인을 사원에 등록시키는 단카(だんか 檀家)제도라고도 불리는 데라우케(てらうけ 寺請)제도를 실시하여 사원이 단가의 장례와 제사를 독점적으로 행사할 수 있도록 허가하였다. 이것으로 포교활동을 금지하여 사원을 통제하는 대신 재정 안정을 위해 사람들을 주변 절에 소속시켜 시주하게 함으로써 절의 재정을 돕게 하는 상부상조의 제도가 정착되었다.

메이지 유신 이후 신정부의 신도 중시 정책의 영향으로 폐불훼석과 함께 사찰의 숫자는 감소하였다. 그리고 쇼와(しょうわ 昭和)시대에 이르면 불교를 비롯한 종교를 감독, 통제하는 성격이 강한 종교단체법을 만들어 관리하였다. 이 법은 1945년 종교법인령이 만들어질 때까지 유지되었다. 1951년에는 종교법인령이 철폐되고 인증제인 종교법인법이 제정되었다.

현재 일본에는 다양한 불교 종파가 존재하고 있는데, 1940년 종교단체법 공포 이전에는 13종 56파가 공인되었다. 13종이란 화엄종, 법상종, 율종, 진언종, 천태종, 일련종, 정토종, 정토진종, 융통염불종, 시종, 조동종, 임제종, 황벽종 등을 말한다. 이후 종교단체법 시행으로 종교단체가 허가제로 바뀜에 따라 28종파가 인가되었으며, 1951년 종교법인법 시행 시에는 이들 28종파의 일부가 독자적으로 분파하였다.

오늘날에도 일본에는 신흥종교가 만들어지고 있는데, 그 중 불교계와 관련이 있는 종교로서는 법화경계의 재가불교 단체인 창가학회(創価学会), 일련계·법화계의 입정교성회(立正佼成会), 원시불교계의 아함종(阿含宗), 진언종계의 재가불교 단체인 진여원(真如苑), 티벳불교와 원시불교계인 옴진리교, 불법(仏法)진리의 유포에 의한 인류행복화를 내세운 행복의 과학 등의 종교가 있다. 이중 옴진리교는 1980대 말부터 1990년대 중반에 걸쳐 이른바 옴진리교사건이라 부르는 사건을 일으켜 일본사회에 충격을 주기도 하였다.

3) 기독교

일본의 기독교(基督教)는 1549년 카톨릭교회의 남자수도회 조직인 예수회(イエズス会)의 선교사인 프란시스코 자비에르(フランシスコ·ザビエル)가 가고시마(かごしま 鹿兒島)에 들어와 포교함으로써 전래되었다. 이후에는 프란시스코회(フランシスコ会)도 일본에 와서 포교를 하였다. 이때의 기독교는 구교인 카톨릭교로 당시에는 야소교(耶蘇教) 혹은 천주교(天主教)라고도 불렸다. 일본에서 기독교는 기리스토(キリスト)교라고 표기한다. 원래 기독교는 나사렛 예수를 메시아로 믿는 종교이다. 히브리어의 메시아는 '기름부음을 받은 자'로 구세주라는 의미인데, '그리스도'라는 말은 그리스어로 번역한 것이다.

이 그리스도의 한자 차음 표기가 '계리사독(契利斯督)' 혹은 '기리사독(基利斯督)'이며, 약칭이 '기독(基督)'이다. 그리고 기독교는 로마가톨릭교회와 동방정교회(正教会), 개신교인 프로테스탄트교회 등을 포함하는 광의의 의미이다. 초기 일본의 기독교는 오다 노부나가(おだ のぶなが 織田信長)의 비호를 받아 규슈(きゅうしゅう 九州)지역을 중심으로 그리스도교도인 기리시탄(キリシタン) 다이묘(だいみょう 大名)가 나오는 등 신자가 증대하였다. 도요토미 히데요시(とよとみ ひでよし 豊臣秀吉) 때에 이르면 선교사와 기리시탄 다이묘가 신도와 불교에 대해 박해를 했음에도 불구하고 남만무역(南蛮貿易)의 이익과 규슈지역의 안정을 위해 선교 금지에는 소극적이었다. 하지만 산훼리페(サン-フェリペ)호 사건을 계기로 본격적으로 기독교를 탄압하였다.

도쿠가와 이에야스는 해외와의 무역의 실리 때문에 기독교의 선교를 묵인하였다. 이에야스 사후 막부는 금교령과 함께 쇄국정책을 취하여 선교사와 외국인의 입국을 금지함과 동시에 기리시탄에 대한 박해를 가함으로써 일본의 기독교는 막말시기까지 확산될 수 없었다. 그 배경에는 이러한 정치적 요소 외에 일본의 신불습합과 다신교 성격의 종교 관념, 기독교의 일신교적 사상의 갈등이 근저에 있었다고 볼 수 있다.

이후 1940년 종교단체법이 시행되어 카톨릭의 일본천주공교교단(日本天主公教教団)과 프로테스탄트의 일본기독교단(日本基督教団)의 2교단으로 인정받기까지 정상적인 교단을 만들 수 없었다. 종교단체법으로 인해 기독교는 불교나 신도와 함께 법적인 지위를 획득했지만, 완전한 신앙의 자유는 2차세계대전 후의 일본국헌법의 제정을 기다려야만 했다. 이러한 역사적 배경으로 인해 일본의 기독교 신자 수는 인구 대비 1%정도의 적은 수를 차지하고 있지만, 메이지시대 이후 서양문화의 하나로서 일본인들에게 많은 영향을 끼쳤다. 기독교 행사인 크리스마스는 일본의 연중행사의 하나로 자리를 잡고 있다. 또한 기독교 선교사들이 설립한 학교를 통한 교육의 영향이나 지정문화재가 된 교회 건축물, 기독교 관련 관광 유적이나 명소 등은 기독교 문화가 오늘날의 일본문화의 한 부분을 차지하고 있다.

9강

관광과 관광지

관광이란 다른 지역이나 나라의 경치와 풍물, 유적 등을 체험하는 행위로 도로망과 이동 교통수단의 발전으로 오늘날에는 대중화가 되었다. 관광이 다양화되고 인적 이동에 따른 경제적 효과에 주목하여 각국에서는 관광을 산업으로서 발전시키고자 다양한 대책을 세우고 있다. 일본의 경우, 국토교통성에 관광국을 두고 노력한 결과 2014년에는 관광적자국에서 흑자국으로 전환할 수 있게 되었다. 여기서는 일본 관광의 역사를 살펴보면서 일본 관광이 성과를 거둔 이유와 일본의 관광지 그리고 문화유산과 자연유산의 확대 노력 등에 대해 살펴보도록 한다.

1) 일본의 관광

관광의 어원은 고대 중국의『역경(易経)』에 나오는 "관국지광이용빈우왕(観国之光利用賓于王)"이라는 구절에서 찾을 수 있다고 한다. 이

구절은 "나라의 빛남을 보는 것이고, 왕의 빈객이 됨이 이롭다."라고 해석된다. 이로 볼 때 원래의 관광의 의미는 국가간의 외교적 의전(儀典)에 있었다고 볼 수 있다. 오늘날의 관광의 목적은 육체적, 정신적인 휴식, 문화적 체험, 지적 관심, 자아실현 등 다양하게 이루어지고 있지만, 개인적 차원의 가장 오래된 형태는 종교적 의미의 성지순례라든지 치유 목적의 휴양에서 찾을 수 있을 것이다.

일본의 경우, 근세 이전의 시기에는 각 지역 다이묘(大名)의 영역적 지배에 따른 관문의 설치와 전쟁 등으로 인해 귀족이나 무사, 승려 등 일부 지배층을 제외하고, 서민이나 여성들의 이동이나 여행은 상당한 제한을 받았다. 에도시대의 성립과 함께 사회가 안정된 중기 이후에는 이세신궁(伊勢神宮) 참배와 같은 종교적 명소 순례가 확대되었다. 여기에는 에도시대에 시행된 참근교대(参勤交代)의 시행으로 인한 숙박시설의 활성화와 에도를 중심으로 한 도시간의 도로 정비, 해운과 수운(水運) 등의 발달도 여행을 확산시키는 데 한몫을 하였다고 생각된다.

에도시대에는 에도의 니혼바시(にほんばし 日本橋)를 기점으로 도카이도(とうかいどう 東海道), 나카센도(なかせんどう 中山道), 닛코(にっこう 日光)가도, 오슈(おうしゅう 奥州)가도, 고슈(こうしゅう 甲州)가도의 다섯 개의 육상 간선도로가 정비되었다. 도카이도는 기내(畿内) 지역에서 동쪽 혼슈(ほんしゅう 本州)의 태평양 방향으로 이어지는 고대부터 가장 중요한 도로였다. 지금의 미에(みえ 三重)현과 이바라키(いばらき 茨城)현에 이르는 태평양 연안 지방의 도로이다. 에도의 니혼바시에서 교토의 산죠(さんじょう 三条)대교까지 약 490km의 거리에 53개의 역참이 설치되었다. 나카센도는 에도의 니혼바시에서 교토의 산죠대교를 내륙으로 연결하는 주요 도로로, 도쿄(とうきょう 東京)도, 사이타마(さいたま 埼玉)현, 군마(ぐんま 群馬)현, 나가노(ながの 長野)현, 기후현(ぎふ 岐阜)현, 시가(しが 滋賀)현, 교토(きょうと 京都)부를 지난다. 에도에서 교토까지는 약 526km의 거리로 67개의 역참이 있었다.

닛코가도는 니혼바시를 기점으로 닛코(にっこう 日光)동조궁이 위치한 지금의 도치기(とちぎ 栃木)현 닛코시에 이르는 도로이며 21개의 역참이 설치되었다. 이 도로는 도쿠가와 이에야스를 모신 닛코산에 이르는 주요 도로였다. 오슈가도는 니혼바시를 기점으로 지금의 도쿄도 아다치(あたち 足立)구인 센쥬(せんじゅう 千住)부터 지금의 후쿠시마(ふくしま 福島)현 남부의 시라카와(しらかわ 白河)시에 이르는 주요 도로로 27개의 역참이 설치되었다. 고슈가도는 니혼바시로부터 지금의 신쥬쿠(しんじゅく 新宿)인 나이토(ないとう 内藤)신쥬쿠로, 그리고 지금의 야마나시(やまなし 山梨)현인 고후(こうふ 甲府)를 거쳐 지금의 나가노(ながの 長野)현인 시나노(しなの 信濃)국의 중앙부에 위치한 시모스와(しもすわ 下諏訪) 역참에서 도카이도와 합류되며 38개의 역참이 설치되었다.

또한 이들 다섯 가도에서 나누어지는 지선도로나 연결도로인 와키(わき 脇)가도도 정비되었다. 도카이도의 지선으로 미에현 북부에서 이세신궁에 이르는 이세(いせ 伊勢)로, 오사카(おおさか 大阪)에서 시모노세키(しものせき 下関)에 이르는 쥬고쿠(ちゅうごく 中国)로 등 그 외에도 다양한 연결도로가 만들어지거나 정비되었다. 이들 각 주요 도로

변에 설치된 역참을 중심으로 여행자를 위한 찻집, 음식점, 술집 등이 많이 생겨났다. 동시에 신사와 사원 혹은 경승지를 소개하는 그림책이나 풍경 우키요에, 도카이도 도보여행기인 『동해도중슬율모(東海道中膝栗毛 とうかいどうちゅうひざくりげ)』 등도 출판되어 서민들의 여행 호기심을 부추겼다고 볼 수 있다.

에도시대에는 문인이나 무사들 외에 서민이라도 신원과 여행 목적을 증명하는 통행증을 소지하면 여행이 가능하였으므로 사사(寺社) 참배를 명목으로 관광유람을 즐기는 사람들이 증가하였다. 또한 서민들 사이에 이세신앙이 확산되어 이세신궁에 집단으로 참배하는 오카게마이리(おかげまいり 御蔭参り)가 유행을 하였고, 오시(おし 御師)라고 하여 특정 사사에 소속되어 해당 사사에 참배자를 안내하고 참배와 숙박을 도와주는 오늘날의 여행가이드와 같은 직업도 생겨나게 되었다. 하지만 에도시대에는 쇄국정책을 취하여 외국으로의 도항은 철저히 금지되었기 때문에 서민의 외국 관광 목적의 여행은 생각할 수 없었다.

메이지유신에 의해 막번체제가 무너져 서양문물의 수입을 위한 물류 유통체계가 정비되고, 철도 부설과 기선 등의 교통수단과 정보 통신의 발달로 인해 국내의 이동이 편리하게 되었다. 이와 더불어 여행 관련 정보라든지 관광이나 휴양을 위한 시설이 갖추어지면서 관광 목적의 여행이 활성화 됨에 따라 관광의 산업화가 시작되었다. 근대 일본의 대륙 침략과 더불어 국내여행뿐만 아니라 주변국인 조선과 만주, 중국 등으로의 국외여행도 점차 가능하게 되었다. 그러나 이 시기의 해외여행은 공무 목적이나 일부 부유층으로 한정되었다. 해외로의 도항은 이민과 유학을 목적으로 하는 사람들이 대부분을 차지하였다.

이와 반대로 19세기 중엽 페리의 내항과 개국으로 이어지는 정세 속에서도 지정학적 위치와 도항 수단의 부족으로 외국에서 일본으로의 방문이나 여행은 제한을 받을 수밖에 없었다. 개항으로 인해 개항장에 외국인 거류지가 형성되고 거주하는 외국인이 증가하자, 거주와 외출, 여행의 자유를 요구받게 되었다. 이 문제는 메이지 시대의 조약개정과 맞물려 많은 논쟁을 불러일으켰다. 결과적으로 1899년에는 외국인 거류지의 폐지와 함께 거주와 여행, 영업 제한을 철폐하는 내지개방이라고도 불리는 내지잡거(內地雜居)가 허락되었다.

이로 인해 외국인도 자유롭게 일본 국내여행을 할 수 있게 되었고, 1912년에는 일본의 관광진흥을 목적으로 하는 일본교통공사가 설립되었다. 한편, 2차세계대전 전까지 외국에서 일본으로의 도항자는 선진기술이나 학문, 제도 등을 수입하기 위해 정부에 고용된 서구인이나 조선을 비롯하여 중국이나 인도 등 아시아로부터의 이민자나 유학생들이 대다수를 차지하였다. 이들 가운데 초기의 조선인은 생업을 위한 자발적 이민이나 유학생들이 많았지만, 후기에 이르면 징용자나 여성근로정신대 등 전쟁 수행을 위한 강제적 이민자들이 많았다.

2차 세계대전 이후 전후 부흥기를 거쳐 고도경제성장을 이룬 결과, 고속도로망의 정비와 더불어 고속화와 수송력 증가를 목적으로 한 신칸센(しんかんせん 新幹線)이 개설되자 일본 국내의 이동이 보다 자유로워졌다. 또한 국민소득의 증가로 경제적 여유를 누리게 되자 각지의 관광지에는 많은 사람들로 붐비게 되었다. 벳푸(べっぷ 別府)온천, 아타미(あたみ 熱海)온천, 기누가와(きぬがわ 鬼怒川)온천 등의 온천관광

지에는 호텔이나 여관 등 대규모 숙박시설이 만들어져 관광객의 수요를 흡수하였다. 이와는 달리 1970년 오사카 만국박람회를 계기로 각 지역에서 박람회가 개최되었고, 도쿄 디즈니랜드와 같은 테마파크의 건설이 이어졌다. 그 밖에 전국 각지에 리조트 호텔과 마리나 시설, 골프장 등의 휴양시설들도 지속적으로 만들어지면서 보는 관광에서 여가를 즐기는 관광으로 변화되어 갔다. 하지만 1990년대 버블경기의 붕괴로 인해 관광 수요가 축소됨에 따라 이들 시설의 부실화로 이어지게 된다.

한편, 고도성장을 통한 국민소득의 증가는 1964년의 해외여행의 자유화를 촉진하게 되어 일본인의 해외 출국을 용이하게 만들었다. 이로써 해외여행은 더 이상 부유층의 전유물이 아니게 되었다. 초기 해외여행지로는 하와이가 인기가 높았으며, 이후 가까운 한국, 중국, 동남아시아 등뿐만 아니라 유럽과 북미, 남미 등 세계 각지로 선택의 폭을 넓혀 나갔다. 여행 형태도 단체관광에서 개인관광으로, 유적이나 명승지 등의 관광에서 자연 환경을 손상시키지 않는 에코투어리즘, 오지나 비경탐험, 크루즈여행 등으로 다양해졌다. 이로 인해 세계의 유명 관광지에는 일본인이 없는 곳이 없다고 할 정도로 해외관광이 활성화된 결과, 일본은 2013년까지 관광 적자국의 위치에 머물러 있게 되었다.

이와 반대로 2013년 이후에는 관광을 목적으로 일본을 방문하는 외국인 수가 계속 증가세를 보였다. 지금도 여전히 주변국인 한국과 중국, 대만 등의 관광객이 많은 수를 차지하고 있지만, 최근에는 동남아시아 각국의 관광객들도 상당히 늘어나는 추세를 보이고 있다. 일본 정부는 2013년부터 관광이 내수라는 발상에서 관광객 유치에 노력하여 2014년에는 55년만에 여행수지가 흑자로 돌아섰다. 2015년의 방일 관광객은 중국이 25.3%로 가장 많고, 이어 한국 20.3%, 대만 18.6%의 순으로 나타났다. 2016년에는 방일 외국인 관광객 수가 2,403만명으로 늘어났고, 2017년 세계경제포럼(World Economic Forum)의 「여행·관광 경쟁력 분석 보고서」에 따르면 여행, 관광 경쟁력 랭킹이 136개국 가운데 4위를 차지하는 관광대국이 되었다. 일본 관광의 매력은 22개의 세계문화유산, 교토와 나라지역의 문화재와 더불어 명승지와 온천 등의 독특한 문화자원과 육상교통의 인프라, 정보통신기술 등에 있다고 할 수 있다.

2) 관광지

세계 최대 여행사이트인 트립어드바이저(TripAdvisor, Inc.)의 2014년판 「여행자에 의한 세계의 도시 조사」에서 도쿄(とうきょう 東京)가 세계 1위로 나타났고, 세계적인 여행 관광잡지인 「트래블 앤드 레저(Travel+Leisure)」의 도시부문의 세계 최고상에서 교토시(きょうとし 京都市)가 2014년과 2015년에 1위로 선정되었다. 또한 2014년 12월 21일 미국의 경제 및 금융 전문 TV 채널인 CNBC가 호텔스닷컴(Hotels.com)의 집계 결과를 인용하여, 아시아·태평양지역의 도시별 인기 순위를 도쿄 1위, 오사카(おおさか 大阪) 2위, 교토 10위로 보도하였다. 이처럼 일본의 도시는 외국 관광객들에게 유명한 관광지로서 인식되고 있다.

2018년 10월에 발표된 트립어드바이저의 「외국인에게 인기 있는 관광 장소」로는 1위가 교토부 교토시에 있는 후시미 이나리(ふしみいな

り 伏見稲荷)대사, 2위 히로시마(ひろしま 広島)현 히로시마시의 히로시마평화기념자료관(広島平和記念資料館: 원폭 돔, 히로시마평화기념공원), 3위 히로시마현 하쓰카이치시(はつかいちし 廿日市市)의 미야지마(みやじま 宮島) 이쓰쿠시마(いつくしま 厳島)신사, 4위 나라(なら 奈良)현 나라시의 도다이지(とうだいじ 東大寺), 5위 도쿄도 신쥬쿠(しんじゅく 新宿)구 신쥬쿠교엔(しんじゅくぎょえん 新宿御苑), 6위 이시카와(いしかわ 石川)현 가나자와(かなざわ 金沢)시 겐로쿠엔(けんろくえん 兼六園), 7위 와카야마(わかやま 和歌山)현 고야쵸(こうやちょう 高野町)의 고야산(こうやさん 高野山) 오쿠노인(おくのいん 奥之院), 8위 교토부 교토시의 긴카쿠지(きんかくじ 金閣寺), 9위 가나가와(かながわ 神奈川)현 하코네쵸(はこねちょう 箱根町)의 하코네 조각 숲미술관, 10위에 효고(ひょうご 兵庫)현 히메지(ひめじ 姫路)시의 히메지성이 선정되었다.

2018년 20대에서 60대 일본인 남녀를 대상으로 한 설문지에서 선정된 매력적인 도도부현 10위를 보면, 1위가 홋카이도, 2위 교토부, 3위 도쿄도, 4위 오키나와현, 5위 가나가와현, 6위 나가사키(ながさき 長崎)현, 7위 후쿠오카(ふくおか 福岡)현, 8위 나라(なら 奈良)현, 9위 오사카부, 10위 나가노(ながの 長野)현으로 나타났다.

(1) 문화유산

일본 관광의 자원이 되는 일본의 세계유산은 2018년 현재 문화유산 18개, 자연유산 4개로 총 22개가 지정되어 있다. 47개 도도부현 가운데

26개의 도도부현(홋카이도, 아오모리현, 이와테현, 아키타현, 도치기현, 군마현, 도쿄도, 도야마현, 야마나시현, 기후현, 시즈오카현, 미에현, 시가현, 교토부, 효고현, 나라현, 와카야마현, 시마네현, 히로시마현, 야마구치현, 후쿠오카현, 사가현, 나가사키현, 구마모토현, 가고시마현, 오키나와현)에 분포하고 있다. 이를 등록년과 소재지 순으로 정리하면 아래 표와 같다.

등록명	등록년	소재지	비고
법륭사지역의 불교 건축물	1993년	나라현	
히메지(姬路)성	1993년	효고현	
고도 교토의 문화재[교토시, 우지(宇治)시, 오쓰(大津)시]	1994년	교토부 시가현	
시라카와고(白川鄕)와 고카야마(五箇山)의 갓쇼즈쿠리(合掌造り) 마을	1995년	기후현 도야마현	
원폭돔	1996년	히로시마현	부(負)의 세계유산
이쓰쿠시마(嚴島)신사	1996년	히로시마현	
고도 나라의 문화재	1998년	나라현	
닛코(日光)의 신사와 절	1999년	도치기현	
류큐(琉球)왕국의 구스쿠 및 관련 유산군	2000년	오키나와현	
기이(紀伊)산지의 영장(靈場)과 참예도	2004년	와카야마현 나라현 미에현	문화적 경관
이와미(石見) 은산유적과 그 문화적 경관	2007년	시마네현	문화적 경관 산업유산
히라이즈미(平泉) – 불국토 건축과 정원 및 고고학적 유적군	2011년	이와테현	
후지산(富士山) – 신앙의 대상과 예술의 원천	2013년	시즈오카현 야마나시현	

도미오카(富岡)제사장과 비단산업유산군	2014년	군마현	산업유산 근대화유산
메이지(明治) 일본의 산업혁명 유산, 제철, 제강, 조선, 석탄산업	2015년	야마구치현 후쿠오카현 사가현 나가사키현 구마모토현 가고시마현 이와테현 시즈오카현	산업유산 근대화유산 가동유산
르 코르뷔지에(Le Corbusier)의 건축작품 －근대 건축운동에 현저한 공헌－	2016년	도쿄도	현대건축 국경을 초월한 세계유산
「신이 머무는 섬(神宿る島)」무나가타(宗像)·오키노시마(沖ノ島)와 관련 유산군	2017년	후쿠오카현	
나가사키(長崎)와 아마쿠사(天草)지방의 잠복 기독교 관련 유산	2018년	나가사키현 구마모토현	

(2) 자연유산

등록명	등록년	소재지	보호관리
야쿠시마(屋久島)	1993년	가고시마현	야쿠시마 국립공원 야쿠시마 원생자연환경보전지역
시라카미(白神)산지	1993년	아오모리현 아키타현	시라카미산지 자연환경보전지역
시레토코(知床)	2005년	홋카이도	시레토코 국립공원 도네베쓰다케(遠音別岳) 원생자연환경보전지역
오가사와라(小笠原)제도	2011년	도쿄도	오가사와라 국립공원 남유황도(南硫黃島) 원생자연환경보전지역

한편, 한국인에게 있어 일본 여행의 장점을 보면 첫째, 다른 나라에 비해 거리가 가깝다는 점을 들 수 있다. 지역에 따라 차이가 있을 수 있으나 비행기로 한 두시간이면 갈 수 있고, 부산에서는 규슈까지 선박으로 갈 수도 있으며 쾌속선의 경우, 3시간 정도면 갈 수 있다. 둘째, 입국 절차가 간소하다는 점이다. 2006년부터 비자가 면제되어서 여권만 있으면 입국이 가능하고 입국 심사도 간단한 점을 들 수 있다. 셋째, 한국에서 일본으로 가는 항공 노선이 자주 있고, 일본 내의 이동에 편리한 JR철도와 사철, 지하철, 버스 등의 다양한 교통 인프라와 더불어 각종 교통 패스가 잘 구비되어 있다는 점이다. 넷째, 1인용 기준의 비즈니스 호텔이 발달하여 저렴하고 깨끗한 숙박시설이 많이 있어 개인여행도 편리하다는 점이다. 다섯째, 치안이 잘 되어 있어 밤거리를 다녀도 그다지 위험하지 않으며, 여섯째, 동양권이라는 문화적 동질성과 시비스 정신이 몸에 배여 있고, 여행지에 한국어 병행 표기가 되어 있는 곳이 많아 편리하다는 점을 들 수 있다.

단점으로는 첫째, 사회구조가 유사하기 때문에 도심지의 경우, 외국이라는 차별성을 느끼기 힘들다는 점이다. 둘째, 모음이 적은 언어체계 때문에 안내판이나 표지판이 없는 경우, 발음에 따른 소통의 어려움을 느낄 수 있다. 셋째, 현금을 선호하는 사고 때문에 카드 결제가 되지 않는 가게가 많아 현금 지참이 필요하다. 이는 카드 가맹 수수료가 높은 점이 한 몫을 하고 있다. 최근에는 체인점을 중심으로 라인페이와 같은 핀테크 모바일 등 간편결제 서비스를 이용할 수 있는 카드 가맹점이 늘어나는 추세에 있다고 한다. 넷째, 일부이지만 일본의 우경화 경향으로 인한 반한 감정과 혐한 정서가 사회적 문제로 대두되고 있고, 지역에 따라서는 2011년의 도호쿠 대지진과 쓰나미로 인한 후쿠시마 원자력 사고에 따른 방사능 피폭 위험 지역이 있다는 점이다. 다섯째, 다른 물가에 비해 교통비가 비싸다는 점과 각종 문화재 시설을 관광할 때에 입장료가 비싸다는 점 등을 들 수 있다.

10강

스포츠와 오락

스포츠란 일정한 규칙 하에서 자신이 닦은 기량을 다투어 승패를 가른다든지 심신을 단련하기 위한 신체운동이라 할 수 있다. 스포츠의 종류는 다양하다. 기록이나 기술 향상을 위한 경기 스포츠가 있고, 건강이나 사교, 즐거움을 목적으로 하는 레크레이션 스포츠가 있다. 또한 도구나 기계의 사용 유무, 개인과 단체, 프로와 아마추어 등으로 나눌 수 있다. 오늘날에는 다양하고 많은 종류의 스포츠가 있지만, 여기서는 일본의 전통 스포츠인 스모와 유도, 검도 그리고 일본에서 인기가 높은 야구와 축구에 대해 살펴보기로 한다.

1) 스모

일본식 씨름인 스모(すもう 相撲)는 일본 고대의 종교인 신도(神道)의 행사나 제사에서 유래된 것으로 흙부대를 쌓아 만든 씨름판인 도효(どひょう 土俵)에서 씨름꾼인 리키시(りきし 力士)가 팀을 짜서 싸우는 무예라고 할 수 있다. 오늘날 행해지는 오즈모(おおずもう 大相撲)는 일본스모협회에서 주최를 하며 흥행성이 높은 프로 스포츠의 하나로 자리매김하고 있다. 종교적 의식에서 유래되었기 때문에 다른 스포츠에 비해 엄격한 예의범절이 중시되고, 전통적인 양식의 요소가 많이 남아 있는 경기이다.

스모는 일본의 8세기 역사서인 『고사기(古事記)』와 『일본서기(日本書紀)』에도 기록이 남아있는 전통 무술이라 할 수 있다. 스모는 시대에 따라 다양한 형태의 이름으로 불렸다. 나라(なら 奈良), 헤이안(へいあん 平安)시대에는 스마히노세치에(すまひのせちえ 相撲節会)라고 하여 활을 쏠 때 행하는 사례(射礼)와 궁술과 말을 타고 활을 쏘는 기사(騎射)와 함께 궁중 행사의 하나로 행하여졌다. 그리고 민간에서도 신사에서 농작물의 흉년과 풍년을 점치고, 오곡의 풍요를 기원하며 신에게 감사하는 농경의례로 신사(神事)스모가 지속적으로 행하여져 왔다.

가마쿠라시기에는 무가사회에서 전투에 필요한 수련의 하나로서 권장되기도 하였기 때문에 이 시기의 스모를 부케(ぶけ 武家)스모라고 한다. 무로마치시대에 이르면 전란으로 인해 교토가 황폐하게 되자 낙향하는 귀족들에 의해 스모는 지방으로 확산되었다. 그 결과 이 때는 지방 민중들도 즐기는 도치(とち 土地)스모가 성행하게 되고 스모를 직업으로 하는 씨름꾼들도 나타나게 되었다. 또한 신사라든지 사원의 복구를 위한 자금 조달의 수단으로 입장료를 받는 간진(かんじん 勧進)스모가 나타나게 되고, 이후 영리와 흥행을 목적으로 하는 스모가 일상화되기에 이르렀다. 에도시대를 거쳐 다이쇼시대에 이르면 일본스모협회가 탄생하게 되고 간진스모, 간진오즈모를 약칭하여 오즈모로 불렀다.

스모 경기는 직경 4.55m의 원형 혹은 사각형의 도효 내에서 진행된다. 시합 방식은 비단으로 만든 남성 속옷인 훈도시(ふんどし 褌)의 일종인 마와시(まわし 回し)를 허리에 두른 리키시가 상대를 도효 밖으로 밀어내거나 상대방의 몸 가운데 발 이외의 부분을 먼저 닿게 만들면 이기게 된다. 또한 리키시의 연령이나 체중, 신장 등의 구별이 없는 일종의 무제한급 경기이며 단판 승부이다. 승부를 결정짓는 기술은 이전에는 48개라 하였지만 현재는 82개나 된다고 한다.

정기적으로 행해지는 공식 흥행을 혼바쇼(ほんばしょ 本場所)라고 하는데, 여기서 리키시의 기량을 심사하고 결정한다. 1958년부터 연간 6개의 장소에서 격월로 15일간 열리며 그 결과에 따라 리키시의 순위가 매겨지고 포상금이 정해진다. 1월은 하쓰바쇼(はつばしょ 初場所)라고 하는데, 도쿄의 료고쿠(りょうごく 両国)국기관에서 시작되며, 3월은 하루바쇼(はるばしょ 春場所)라 하여 오사카에서, 5월은 나쓰바쇼(なつばしょ 夏場所)라 하며 도쿄에서, 7월은 나고야(なごや 名古屋)바쇼라고 하여 나고야에서, 9월은 아키바쇼(あきばしょ 秋場所)라 하여 다시 도쿄에서 진행하며, 11월에는 규슈(きゅうしゅう 九州)바쇼라 하여 후쿠오카(ふくおか 福岡)의 순으로 진행된다.

오즈모의 리키시의 순위표를 반즈케(ばんづけ 番付)라고 하며 순위 계급의 총칭을 세키토리(せきとり 関取)라고 하는데, 일반적으로 쥬료(じゅうりょう 十両) 이상의 리키시를 지칭한다. 세키토리가 되면 마쿠시타(まくした 幕下) 이하의 리키시와 달리 고액의 급료와, 집단생활에서 벗어나 독실에 거주할 수 있고 일상생활에서 시중을 드는 사람이 따라 붙는 등 차별적인 대우를 받는다. 리그는 6개로 나누어져 있는데, 최상위급인 마쿠노우치(まくのうち 幕内), 쥬마이메(じゅうまいめ 十枚目)라고도 불리는 쥬료, 마쿠시타, 산단메(さんだんめ 三段目), 죠니단(じょにだん 序二段), 죠노쿠치(じょのくち 序ノ口)이다. 우승 성적과 다음 바쇼에서의 지위가 반드시 일치하지는 않지만 대체로 각 리그에서 우승 승률이 높을 경우 상위 리그로 편입할 수 있다.

최상위 리그의 마쿠노우치에서도 지위가 나누어져 있는데, 위로부터 요코즈나(よこづな 横綱), 오제키(おぜき 小関), 세키와케(せきわけ 関脇), 고무스비(こむすび 小結)이며 그 아래는 마에가시라(まえがしら 前頭)로 불린다. 이 중 오제키, 세키와케, 고무스비를 산야쿠(さんやく 三役)라고 하며 요코즈나와 함께 특별한 대우를 받는다. 요코즈나와 산야쿠를 제외한 리키시를 히라마쿠(ひらまく 平幕)라고 하여 구별하기도 한다. 마쿠노우치의 정원은 42명이며 한 바쇼에서 15번을 겨룬다. 흥행의 최종일을 센슈라쿠(せんしゅうらく 千秋楽)라고 하는데, 마지막 날이기 때문에 우승 결승전과 표창식, 산야쿠소로이후미(さんやくそろいふみ 三役揃い踏み) 등의 행사를 한다. 산야쿠소로이후미란 동서 각 3인의 리키시가 도효에 올라가 한 발씩 높이 들어 힘차게 땅을 구르는 행위이다. 표창식에서는 우승자 표창 외에 감투상, 기능상, 수훈상 등의 상도 함께 수여한다.

2) 야구

야구(野球) 는 일본에서 인기가 높은 스포츠의 하나이다. 야구에서 사용하는 공은 경식공과 준경식공, 연식공의 3종류가 있는데, 우리가 흔히 보는 고교야구나 프로야구는 경식공을 사용한다. 영어의 baseball 이라는 미국 스포츠로 경기장에서 하는 공놀이를 의미한다. 이것을 일본식 한자인 야구로 번역한 사람은 메이지시대의 쥬만 가나에(ちゅうまん かなえ 中馬庚)라는 일본의 교육자였다. 야구는 9명으로 구성된 팀을 공격팀과 수비팀으로 나누어 공격과 수비를 교대로 하면서 승패를 다투는 경기이다. 선공의 결정은 규칙에 따라 다르지만 프로야구의 경우에는 일반적으로 상대팀이 공격, 홈팀이 수비를 맡게 되며, 공격 타순과 수비의 위치는 정해둔다.

경기 방식은 공격팀의 타자가 상대팀이 던지는 공을 야구방망이로 쳐서 1루, 2루, 3루, 홈으로 돌아오면 1점 얻게 된다. 수비팀은 상대팀의 주자가 홈에 도달하지 못하도록 막으면 된다. 3명이 아웃이 되면 공격과 수비가 바뀌며 공격과 수비가 한차례 돌면 1회가 되고, 9회까지의 득점 합계가 많은 팀이 승자가 된다. 양쪽의 득점이 같을 경우에는 연장전을 한다. 이전까지는 15회까지였지만 2018년부터 프로야구 연장전은 시간의 제한 없이 12회까지로 변경하였다. 일본시리즈의 경우에는 1차전에서 7차전까지는 동일하고, 8차전 이후에는 승부가 갈릴 때까지 진행한다.

야구의 기원에 대해서는 영국의 구기였던「다운볼」이 영국계 이민자에 의해 미국에 전래되어 변형된 것으로 보고 있으며, 일본의 야구는

미국에서 전래되었다. 1871년 현 도쿄대학의 전신인 도쿄개성학교 예과의 영어교사였던 호레스 윌슨(Horace Wilson)이 학생들에게 가르쳤으며, 이후 타구술래잡기(打球おにごっこ)라는 이름으로 전국적으로 펴졌다고 한다. 1878년 일본 최초의 야구팀이 만들어지고, 1882년 최초로 대항전이 개최되었다. 대학야구가 고교에도 전파되어 1915년에 이르면 제1회 전국중등학교 우승야구대회가 개최되었고, 1927년에는 기업팀에 의한 도시대항 야구대회도 열렸다. 프로야구는 1934년 대일본 동경야구구락부가 창설되고, 1936년에는 프로야구리그 일본직업야구연맹이 처음으로 설립되었다.

오늘날 일본인은 고교야구와 프로야구를 많이 즐긴다. 고교야구에는 남자 경식야구와 연식야구, 여자 경식야구가 있으나 남자 연식과 여자 경식은 출전교가 적어 일반인의 주목을 받지 못한다. 남자 경식야구의 경우, 전국대회와 지방대회가 있다. 전국대회는 일본 고등학교 야구연맹과 신문사가 공동으로 주최를 하는데, 봄의 선발 고등학교 야구대회는 마이니치(まいにち 毎日)신문사가, 여름의 전국고등학교 야구선수권대회는 아사히(あさひ 朝日)신문사가 주최를 한다. 이들 2개 대회를 합쳐 '고시엥(こうしえん 甲子園)대회' 혹은 고시엥이라 약칭하며 일본인들이 많은 관심을 가진다. 그리고 이들 2개의 대회에 메이지신궁 야구대회를 더하여 고교야구 3대 대회라고 부른다.

메이지신궁 야구대회는 11월에 개최되며 출장 고교 수는 10개교이고, 선발 고등학교 대회는 3월 하순부터 4월 상순에 걸쳐 개최되며 출장 고교 수는 32개교이다. 가장 많은 관심을 끄는 전국 고등학교 야구선수권 대회는 매년 8월에 개최되는데, 각 도도부현의 1개교씩 47개교에다 홋카이도와 도쿄의 경우 1개교 씩 더하여 49개교가 출장하며 토너먼트 방식으로 진행된다. 각 도도부현에서 1개교만 출전할 수 있기 때문에 경쟁이 상당히 치열하다. 참고로 99회 대회였던 2017년의 경우, 2016년보다 야구팀이 35개교가 줄었음에도 불구하고 전국의 예선 참가 고교 수가 3,839개교였다는 점에서 그 치열함을 엿볼 수 있다.

현재 일본 프로야구에는 일본야구기구(NPB) 산하의 센트럴리그(Central League)와 퍼시픽리그(Pacific League), 독립리그, 일본여자프로야구리그 등이 있다. 일본에서는 센트럴리그와 퍼시픽리그를 줄여 세리그, 파리그라고 하는데, 양리그는 각각 6개의 구단, 합해서 12개의 구단으로 구성되어 있다.

세리그에는 도쿄를 본거지로 하는 요미우리자이안쓰(よみうり 読売ジャイアンツ)와 도쿄 야쿠르토 스와로즈(とうきょう 東京ヤクルトスワローズ), 가나가와(かながわ 神奈川)현을 본거지로 하는 요코하마 데나 베이스타즈(よこはま 横浜DeNAベイスターズ), 아이치(あいち 愛知)현의 나고야(なごや 名古屋)시를 근거지로 하는 쥬니치 도라곤즈(ちゅうにち 中日ドラゴンズ), 효고(ひょうご 兵庫)현 니시노미야(にしのみや 西宮)시를 근거지로 하는 한신 타이가스(はんしん 阪神タイガース) 그리고 히로시마(ひろしま 広島)현 히로시마시를 근거지로 하는 히로시마 도요 카푸(ひろしまとうよう 広島東洋カープ) 등이 있다.

파리그에는 홋카이도(ほっかいどう 北海道) 삿포로(さっぽろ 札幌)시를 근거지로 하는 홋카이도 닛폰하무 파이타즈(ほっかいどうにほん 北海道日本ハムファイターズ)와 미야기(みやぎ 宮城)현 센다이(せんだい 仙台)시를 근거지로 하는 도호쿠 라쿠텐 고르덴 이구르스(とうほ

くらくてん 東北楽天ゴールデンイーグルス), 사이타마(さいたま 埼玉)현 도코로자와(ところざわ 所沢)시를 근거지로 하는 사이타마 세이부 라이온즈(さいたませいぶ 埼玉西武ライオンズ), 지바(ちば 千葉)현 지바시를 근거지로 하는 롯데 마린즈(ちば 千葉ロッテマリーンズ), 오사카(おおさか 大阪)부 오사카시를 근거지로 하는 오릭스 바파로즈(オリックス·バファローズ), 후쿠오카(ふくおか 福岡)현 후쿠오카시를 근거지로 하는 후쿠오카 소후토방크 호크스(ふくおか 福岡ソフトバンクホークス) 등이 있다.

덧붙이자면 야구는 축구와 달리 북미의 미국·캐나다, 중남미의 쿠바, 도미니카공화국, 베네수엘라, 멕시코, 푸에르토리코, 니카라과, 파나마, 네덜란드령 안틸레스, 콜롬비아 등의 북미와 중남미 대륙권에서 인기가 높다. 동아시아에서는 한국과 일본, 대만 등에서 활발하고, 유럽의 경우, 유럽야구연맹에 가입해 있는 국가는 39개국이지만 프로 리그가 있는 국가는 네덜란드와 이탈리아뿐이다.

3) 축구

축구(蹴球) 는 일본에서 삿카(サッカー)라고 하며 축구(蹴球)라는 한자를 사용한다. 이는 미국식 발음인 사커(Soccer)를 따른 것으로 영국에서는 풋볼(football)이라 한다. 축구는 한 팀이 11명으로 이루어지며 두 팀이 둥근 공을 가지고 경기를 하는 스포츠로 골키퍼 외에는 발을 사용하며 손의 사용이 극히 제한적인 특징을 가진다. 경기 방법은 장

방형으로 만들어진 상대방의 골대에 발이나 머리로 공을 넣어 많이 득점한 팀이 이긴다.

삿카는 1873년 영국 해군교관에 의해 일본에 전래되었다. 당시에는 후토보루(フートボール, Football) 혹은 아소시에이션 훗토보루(アソシエーションフットボール, Association Football)로 불렸다. '蹴球(축구)'라는 한자는 옛날 귀족들의 공차기 놀이인 축국(蹴鞠)과 연관성이 있으며, 삿카란 발음은 1918년 도시샤(どうししゃ 同志社)대학의 교수가 「Soccer」를 삿카(サッカー)로 표기함으로 시작되었다고 한다.

일본 삿카는 1921년 대일본축구협회가 창립되었으며 1929년 국제삿카연맹(FIFA)에 가입하였고, 1965년 일본삿카리그인 JSL이 개막되었다. 최초의 국제시합은 1917년 동경에서 개최된 제3회 극동선수권경기대회였다. 1936년의 베를린 올림픽 경기에서는 1회전에서 스웨덴을 이겨 베를린의 기적이라 불리는 승리를 하였다. 패전 후에는 1947년 일본축구협회(JFA)로 명칭이 바뀌었고, 1950년 FIFA에 다시 가입을 하였다. 이후 1974년 일본삿카협회로 명칭을 재차 변경하였고, 2012년 공익재단법인이 되어 오늘에 이르고 있다. 1998년에는 FIFA월드컵 본선에 처음으로 진출하는 성과를 올렸다.

일본 삿카는 프로와 아마추어로 나뉜다. 현재 아마추어 삿카리그는 4부로 나누어져 있는데, 1부 리그인 일본 훗토보루리그(日本フットボールリーグ) 일명 JFL에 16개 클럽이 있고, 2부 리그에 각 지역의 1부 리그 80개가 있으며 3부 리그에는 각 지역 54개의 2부팀과 각 현 1부 이하의 팀, 그리고 4부 리그에는 각 지구 1부 이하와 각 부현 1부 이하로 구성된다.

일본 삿카협회 산하에 있는 프로 삿카리그를 'J리그'라고 부르는데, 1991년 설립되었으며 1993년에 개막되었다. 1부 리그인 J1에 18개 클럽이 있고, 2부 리그인 J2에 22개 클럽, 3부 리그인 J3에 17개 클럽이 있다. 1999년부터 J리그 1, 2부제를 도입하여 성적에 따른 교체제도를 실시하였으며 현재에는 J3리그도 있다.

대학대회로는 전일본 대학삿카선수권대회와 총리대신컵 전일본 대학삿카토너먼트, 전국 지역대학리그 등이 있고, 고교대회로는 전국대회와 지방대회로 나뉘는데, 전국대회에는 다카마도노미야(たかまどのみや 高円宮)컵 U-18삿카리그 참피온쉽과 전국 고등학교 삿카선수권대회, 일본클럽 유스삿카선수권(U-18)대회, 전국 고등학교 종합체육대회 삿카경기대회 등이 있다. 한편, 고교축구의 경우 고교야구보다 팀 수가 많다. 2014년을 기준으로 하면, 고교축구 참가 수가 4,166개교로 고교야구 참가 수인 3,957개교보다 많지만, 야구만큼 일본인의 인기를 끌지는 못하는 것 같다.

일본 삿카협회의 통계에 의하면 2010년도 등록선수 수는 900,880명이고, 등록 팀은 28,588개팀이었다고 한다. 그리고 축구는 현재 세계적으로 200개가 넘는 국가와 지역에서 활성화되어 있고, 2억 5천만 명이 넘는 선수들이 경기를 한다. 특히 4년마다 열리는 FIFA월드컵의 경우, 영국의 로이터통신에 따르면 2006년에 시청자 수가 통상 300억 명이 넘을 정도로 세계적으로 인기가 높은 스포츠라고 할 수 있다.

4) 유도

유도(柔道)는 고대 무술의 하나인 유술(柔術)에서 발전한 것으로 '부드러움이 강함을 이긴다'는 정신을 바탕으로 만들어져 정신 수양을 목적으로 하는 무도라 할 수 있다. 오늘날의 유도는 유도의 아버지라 불리는 일본의 교육자이자 유도가인 가노 지고로(かのう じごろう 嘉納治五郎)가 여러 유파를 연구하여 장점을 수용하고 자신의 기술을 더하여 1882년에 창시하였다. 메치기, 굳히기, 급소 찌르기 등의 기술을 기본으로 하며 메이지시대에는 도덕함양의 목적을 더하여 일종의 문무(文武)의 무술로 경찰이나 학교에 보급하였다. 오늘날에는 올림픽 경기 종목으로 채택되어 있을 정도로 세계적으로 많이 전파되어 있다.

유도 경기 시합은 수련과 자유대련으로 나눌 수 있는데, 오늘날에는 후자가 일반적이다. 유도는 단급(段級)제도를 채용하며 초단부터 승단하여 일반적으로 10단까지 오를 수 있다. 단급은 띠로 표시된다. 성인의 경우 4급 이하는 백색띠, 3급에서 1급까지는 다갈색띠, 초단에서 5단까지는 흑색띠, 6단에서 8단까지는 홍백색띠, 9단에서 10단은 홍색 또는 적색띠로 구분되지만 도장에 따라 다를 수도 있고, 6단 이상은 흑색띠라도 상관이 없다.

대회의 수준은 통상 연령과 체중, 남녀 등에 따른 제한이 있다. 연령의 경우, 30세 이상의 마스터스, 시니어, 15세 이상 21세 미만의 주니어, 유스, 15세 이상 18세 미만의 가데 등으로 나뉜다. 본래 유도는 별다른 차별을 두지 않았지만 가노가 창시한 강도관(講道館)유도에서는 단별과 연령의 구분이 있었다. 하지만 유도가 올림픽 종목으로 채택되자 체중별로 처음에는 경량급, 중량(中量)급, 중량(重量)급의 3계급으로 나누었으나 지금은 7계급으로 구분하고 있다. 중요한 시합으로는 올림픽경기, 세계유도선수권대회, 전일본유도선수권대회, 전일본선발유도체중별선수권대회 등이 있다.

시합 시간은 대회에 따라 조금씩 차이는 있지만 3분에서 20분 사이로 정해져 있다. 국제규정에서는 마스트스는 3분이지만 60세 이상은 2분30초이고, 시니어와 주니어, 가데는 각각 4분이지만 전일본선수권대회는 6분이다. 승부는 단판 승부이며 한판, 절반 2번, 3번의 지도 그리고 상대방의 반칙인 경고가 있는데 이를 합쳐 종합적으로 주심이 판단한다. 규정시간 종료 후에도 우열이 가려지지 않을 경우, 어느 쪽이 기술이나 지도에서 포인트를 획득할 때까지 시합이 속행되지만, 그럼에도 불구하고 포인트가 없는 경우에는 심판의 판정으로 우세승을 결정한다.

5) 검도

검도(劍道) 란 일본의 검술을 운동 경기로 만든 것으로 검도구를 착용하고 죽도를 사용하여 1대1로 대결하는 경기 종목으로 심신을 단련해서 인간 형성을 목적으로 하는 무도이다. 2017년 3월 현재 유단자 등록수는 1,853,553명이며 이 중 여자는 543,921명이다. 에도시대 후기에 발달하였으며 말기에는 유파를 넘어 많은 시합이 행하여졌다. 메이지시대 이후 대일본무덕회(大日本武徳会)가 시합의 규칙을 정하여 경기로 만들어졌다. 2차세계대전 후 대일본무덕회는 해산되고, 이후 발족한 전일본검도연맹이 현재까지 운영되고 있다.

검도 복장은 상의와 하의 단련복 위에 갑상과 갑수건, 호면, 호완 등으로 구성된다. 기본적으로는 맨발이지만 경우에 따라서는 버선이나 보호 붕대를 감기도 한다. 시합 때에는 각각의 선수를 인식하기 위해 등 부분에 홍백으로 표시를 하기도 한다. 시합은 1대1로 싸우며 단체전도 마찬가지이다. 시합장에 들어가면 선수는 2걸음 나아가 서로 인사를 하고, 3걸음 나아가 웅크리고 앉은 뒤, 심판의 시작 소리와 함께 일어서 규정 시간 내에 승부가 정해질 때까지 서로의 기술을 겨룬다. 일반적으로 3판 승부이지만 한판 승부의 경우도 있다.

경기장은 한 변이 9m 혹은 11m의 정방형이나 장방형이며 경계는 백색선의 테이프를 붙여 구분한다. 시합 전 선수들이 서있는 중심 부근의 위치에도 백색선 테이프가 표시되어 있다. 시합시간은 초등학생이 2분, 중학생이 3분, 고등학생 이상은 4분이며 연장전의 경우에는 3분이 기준으로 되어 있지만, 경우에 따라서는 조정이 가능하다. 2007년부터 전일본선수권 등의 공식시합의 결승전은 10분으로 변경되었다. 기술은 보호 장구가 있기 때문에 손목을 치는 기술, 안면을 치는 기술, 목부분이나 가슴을 찌르는 기술, 몸통의 좌측과 우측을 치는 기술 등이 있는데, 목부분을 찌르는 기술은 위험하기 때문에 금지하는 대회도 있다.

검도의 단급위제는 급위의 경우에는 6급에서 1급으로 숫자가 높은 쪽에서 낮은 쪽으로 승급하지만, 단위의 경우는 1단에서 10단으로 숫자가 낮은 쪽에서 높은 쪽으로 승단을 한다. 고단자에게는 단위 외에 지도

력이나 인격을 나타내는 연사(錬士), 교사(教士), 범사(範士) 등의 칭호가 주어지는데, 모두 가맹단체 회장의 추천을 필요로 한다.

심판원은 1명의 주심에 2명의 부심이 있고, 홍백의 깃발을 가지고 기를 올려 유효 타격을 표시한다. 2명 이상이 유효 타격을 표시하거나 1명이 유효 타격을 표시하고 다른 2명이 판정 기권을 한 경우에는 한 판승으로 본다. 3판 승부의 경우, 승패는 시합 시간 내에 2판을, 단체전과 같은 1판 승부의 경우에는 먼저 1판을 얻은 선수가 승리하게 된다. 시합 시간 내에 승패가 결정되지 않을 경우에는 연장전에서 먼저 1판을 얻은 선수가 이기게 되며, 연장전 대신에 판정 혹은 추첨에 의해 승부를 결정하거나 무승부로 처리하기도 한다.

11강

현대사회

현대 일본사회는 고도정보화사회, 대중사회, 포스트 산업사회 등으로 표현되기도 한다. 오늘날의 특징은 저출산에 따른 소자화와 초고령사회로의 진행, 도시 주변부로의 인구 집중화와 그에 따른 농촌지역의 과소화, 결혼을 하지 않는 비혼(非婚) 인구가 증대함에 따라 30대, 40대에서 사회로부터 고립하는 현상도 진행되고 있다는 점이다. 그에 따라 격차(格差)사회, 넷카페난민(ネットカフェ難民), 도시코시(としこし 年越し)파견촌, 무연(無縁)사회, 독거노인 등의 용어가 현대 일본사회를 상징하는 키워드가 되고 있다. 여기서는 이러한 관련 용어를 중심으로 현대 일본사회 문화의 특징을 살펴보기로 한다.

1) 격차사회

격차사회란 재산이나 소득 등의 차이에 의해 구성원 간에 계층이 형성되고 사회적 지위의 변화라든지 계층간의 이동이 어렵게 되는 사회를 말한다. 격차의 재생산과 고정화의 배경에는 빈곤이 있는데, 이 문제는 역사적으로나 지역적으로 존재하기 때문에 일본사회만의 문제는 아니다. 하지만 현대 일본사회의 격차는 주로 세제와 사회보장에 의한 재분배 이전의 소득 격차라는 경제적 요소가 주된 요인으로 작용하고 있다.

1970년대 일본인의 대다수는 고도성장기를 거치면서 스스로 중류계급이라고 생각하는 일억총중류(一億総中流)라는 의식을 가지고 있었기 때문에 소득에 따른 격차사회라는 문제가 제기되지 않았다. 하지만 1986년부터 1991년 사이의 버블경제가 붕괴되기 시작하면서 1998년무렵부터 사회적인 지위와 교육, 경제 분야에서 격차가 발생하기 시작하여 사회적 문제로 대두되었다. 특히 버블기의 주식과 부동산 가격의 상승으로 인해 개인의 노력이나 근로와는 상관없이 소득의 격차를 유발하였다.

특히, 1997년의 아시아 금융위기로 시작된 비정규고용의 확대, 취업난으로 인해 대학 졸업 후 정규직이 되지 못하고 아르바이트로 살아가는 프리타(free+Arbeiter)라든지 풀타임으로 일해도 생계유지가 어려운 저소득 노동자층인 워킹푸어(working poor)가 확산되었다. 또한 젊은 실업층으로 불리는 니드족도 출현하였다. 니드(Not in Education, Employment or Training, NEE)란 취학이나 취로, 직업훈련 등을 행하지 않는다는 의미로, 15~34세까지의 비노동력 인구 가운데 통학이나 가사를 담당하지 않는 젊은이들을 지칭한다.

한편, 이와는 달리 도쿄의 롯폰기(ろっぽんぎ 六本木)에 위치한 초호화 맨션인 롯폰기 힐스에 거주하는 신흥재벌인 힐스족(ヒルズ族)이나 명품붐에 편승하여 사치스런 생활을 하는 부유층이 등장함으로써 일본사회에서의 소득 격차가 표면화하였다. 이로 인해 소득 분포의 불평등도를 나타내는 지니계수(ジニ係数)도 확대되었다.

2000년대 이후에도 격차사회가 확대되는 양상인데, 그 배경과 원인에 대해서는 다양한 의견이 제시되어 있다. 우선 경제구조의 변화에서 찾는 견해로, 버블붕괴에 의한 장기불황과 금융위기에 따른 사회 경제의 구조개혁의 영향으로 연공서열제도가 폐지되고, 정사원의 임금 인상과 채용의 억제, 인원 삭감, 파트타임이나 아르바이트, 계약사원 등 비정규직 고용자의 증가에 있다고 보는 것이다. 둘째, 구조개혁이 아니라 버블붕괴 후의 장기불황이나 디플레이션 등 경기순환의 변화에서 찾는 견해가 있다. 셋째, 부유층에 감세를 하고 빈곤층에 증세를 하는 세제의 변화 때문으로 보는 견해이다. 그 외에도 대학교육 시스템 기능의 변화, 수입 저하와 노화의 리스크 등이 원인으로 제시되고 있다.

일반적으로 격차가 발생하는 이유를 다음의 세 가지로 보고 있다.

첫째, 취업 기회의 상실이다. 취업은 개인의 생애 수입과 관련이 깊다. 일본의 경우, 신입사원을 일괄 모집하기 때문에 이 시기를 놓치게 되면 격차가 고정화될 가능성이 높다.

둘째, 출산이나 육아로 인한 노동 기회의 감소로 인한 격차이다.

셋째, 노령화로 인한 수입의 감소에 따른 격차이다. 은퇴 후 수입이 격감하고 건강 관리를 잘 하지 못하면 격차가 커질 수 있다. 또한 고령자의 경우 가족과 저축의 유무에 따라 격차에 영향을 주기도 한다.

격차사회의 문제점은 소득 감소에 따른 경제활동의 쇠퇴, 생활수준의 악화, 다중 채무자와 노숙자의 증가, 자살자의 증가, 규범의식의 저하, 치안의 악화 등으로 사회적 혼란과 어려움, 혼인율의 감소와 저출산으로 이어지며, 노동인구의 감소에 따른 사회보장제도의 파탄을 야기할 수 있다. 더 큰 문제는 격차가 재생산되고 고정화되며, 교육에 의한 계층화와 세습화로 이어질 가능성이 크다는 것이다. 이를 줄여나가기 위해서는 기업의 규모나 정규직, 비정규직 고용 간의 임금 폭을 줄이면서, 고용 규제를 완화할 필요가 있으며, 부의 재분배가 이루어지고 경기가 회복되도록 노력해야 한다는 것이다.

2) 넷카페난민

넷카페난민(ネットカフェ難民)이란 노숙자인 홈리스 유형의 하나로 정착할 수 있는 거주지가 없어 인터넷카페를 숙소 대신으로 이용하는 사람들을 지칭하는 용어이다. 이 용어는 일본TV 계열의 닛폰 뉴스 네트워크(NNN) 방송의 2007년 'NNN도큐먼트'의 '넷카페난민 표류하는 빈곤자들'이라는 프로그램에서 처음 사용되었다.

지금까지 지내왔던 자택이나 기숙사 등에서 여러 가지 사정으로 거주지를 옮겨 24시간 영업을 하는 인터넷카페라든지 만화가게 등을 숙소로 삼고, 낮에는 날품팔이 노동을 하면서 생활을 유지하는 사람들을 말한다. 이전에는 간이 숙박소나 캡슐호텔, 심야 사우나 등을 생활의 거점으로 삼았던 사람들의 형태가 바뀐 것이라고도 볼 수 있다.

2000년대에 들어와 심야에 장기간 저렴하게 이용할 수 있는 심야요금제 PC방이나 인터넷이 가능하며 샤워실이나 독실을 갖춘 복합 카페가 보급되고, 난립으로 인한 가격하락이 한 요인이 되어 이런 곳을 이용하는 유형의 사람들이 증가하게 되었다.

이들은 주로 비정규 일용직으로 일정하게 정해진 수입이 없고, 매일 일이 주어진다는 보장도 없다. 또한 당일 임금을 받더라도 하루 하루 살아가는 것이 벅차기 때문에 저축할 수 있는 여유도 없다. 따라서 정기적으로 지출되는 월세나 전기세, 수도세, 통신비 등을 지불하는 정상적인 생활 유지가 어렵기 때문에, 숙박과 휴식이 가능하고, 신문이나 TV의 시청, 인터넷 이용 등 최소한의 문화생활을 영위할 수 있는 복합 카페를 거점 공간으로 많이 활용하는 것이다. 이 외에도 24시간 영업의 패스트푸드점, 독실 비디오점 등도 이용하며, 물건 보관을 위해 저렴한 코인로커를 사용하기도 하고, 일용직 고용 정보를 얻기 위해 휴대전화는 필수품으로 소지한다.

넷카페난민이 발생하는 원인으로는 첫째, 가정 내의 문제를 들 수 있고, 둘째, 고용이나 건강상의 문제를 들 수 있다. 전자는 양친의 이혼이나 실직에 따른 경제적 문제로 지속적인 교육의 수혜를 받기 어렵게 되거나, 취업자리를 잡지 못한 채 사회로 보내어지는 경우이다. 여기에는 재혼에 따른 가족 간의 불화나 부모 또는 배우자로부터의 가정폭력 등이 주된 요인이 된다. 후자는 실업으로 인한 월세의 체납, 주거가 제공되는 취업 자리의 고용 해지, 고령이나 질병, 장애 혹은 차별 등으로 인한 취로의 어려움 등으로 발생한다.

넷카페난민은 주거부정으로 인한 행정, 금융 이용의 제한, 범죄의 피해자 및 가해자의 가능성, 건강 악화로 인한 감염 등의 사회적 문제를 야기할 수 있고, 장기적으로 지속될 경우 독거노인에서 고독사, 무연사의 잠재적 대상자가 될 위험성이 있다.

3) 도시코시 파견촌

도시코시(としこし 年越し) 파견촌이란 2008년 12월 31일부터 2009년 1월 5일까지 노동조합과 복수의 지원단체들이 중심이 되어 조직된 실행위원회가 도쿄의 히비야(ひびや 日比谷)공원에 설치한 일종의 실업자를 위한 피난소이다. 도시코시란 양력 12월 31일을 말하고, 파견촌이란 경제불황으로 인해 파견업자가 파견 계약 노동자의 파견 계약에 대한 갱신 혹은 고용을 거부함으로써 계약이 해지된 사람들을 보호하려는 명목으로 설치된 일시적인 시설이라 할 수 있다.

도시코시 파견촌이 설치된 배경에는 2007년 미국의 비우량 주택 담보 대출인 '서브프라임 모기지 사태'로 인한 미국 주택의 버블붕괴가 계기로 작용하여, 2008년 '리먼 쇼크'라 불리는 미국의 대형 투자 은행인 리먼 브러더스(Lehman Brothers)의 파산으로 촉발된 세계적인 금융위기가 있었다. 일본의 경우, 장기 불황이 계속되었기 때문에 서브프라임 관련 채권에 대해서는 그다지 투자를 하지 않아 큰 피해가 없었다. 하지만, 2008년 9월 15일의 리먼 쇼크 때에는 미국 달러의 계속된 하락과 미국 의존도가 높은 수출산업에서 큰 타격을 받게 되어 일본의 경제와 경기 후퇴에도 많은 영향을 미쳤던 것이다.

이러한 세계적 금융위기에 따른 세계적 불황은 2008년 11월부터 일본에 직접 영향을 미치기 시작하여 자동차산업이나 가전제품 회사 등 제조업 부분에서 대규모 노동자 계약 해지나 해고 등이 발생하여 사회적 문제가 되고, 아사히신문 등 언론에 보도됨으로써 일반인의 주목을 받게 되었다. 또한 다른 연관 분야에서도 고용계약 기간 만료에 따른 고용 해시반이 아니라 고용계약 기간 만료 이전에 계약을 해지하는 일방적인 해고가 진행됨으로써 더 많은 문제를 야기하였다. 특히 계약 만료 이전에 해고된 경우, 노동자의 생활을 전혀 감안하지 않고, 소홀하게 대처한 것이 인권문제나 기업의 윤리 측면에서의 문제 제기로 나타났다.

이에 문제의식을 가진 해고자들 사이에서 "히비야에서 연말연시를 견디며 살아가자"라는 캐치프레이즈가 나왔다. 그에 호응하여 노동조합과 '반빈곤 네트워크' 등 20여개의 지원단체를 중심으로 실행위원회가 만들어져 연말연시만이라도 해고된 노동자들에게 식사와 숙박 장소를 제공하고자 12월 31일부터 1월 5일간 히비야공원에 도시코시 파견촌을 설치하게 되었던 것이다. 하지만 처음 계획보다 훨씬 많은 사람들이 모여 수용 인원이 초과되자 후생노동성에서 노동성의 강당을 긴급 개장하여 수용하고, 일시 주거 제공만이 아니라 향후 취업이나 생활보호 상담 등도 행하였다. 실행위원회에서는 5일까지의 입촌자가 500명을 상회하였다고 한다. 도시코시 파견촌은 해고자들의 경제적 빈곤을 일시적으로 해결해 주고자 설치되었으나, 이후 무리한 요구나 정치적 데모로 나아가는 경향이 있어 부정적인 여론이 형성되기도 하였다.

4) 무연사회

무연(無縁)사회라 함은 1인가구가 증대함에 따라 사람과 사람 사이의 관계가 희박하게 되는 사회적 현상으로 2010년 NHK TV의 프로그램에서 시작된 말이다. 오늘날 일본사회는 소자화와 고령화 현상이 진행되고 있다. 소자화란 출산 신생아의 수가 감소하는 것으로 출생률이 인구 치환 수준의 이하까지 떨어지는 것을 말하고, 고령화란 총인구 가운데 65세 이상의 노인인구의 비율이 증대하는 것을 말한다.

소자화로 인한 유년시절의 축소된 인간관계의 경험과 핵가족화에 따른 독거노인의 증가, 여성의 사회 진출에 따른 젊은이들의 결혼에 대한 의식의 변화, 혈연, 지연사회의 축소와 붕괴는 개인주의적 성향을 강화시켰다. 또한 개인정보보호법의 엄격한 시행에 따른 프라이버시의 보호는 타인과의 커뮤니케이션 능력을 약화시키는 기제로 작용하였고, 또한 인터넷이나 SNS의 발달로 인해 면대면 관계보다는 비대면 관계에 익숙하게 되었다.

이에 더하여 장기 불황에 따른 경제 사정의 악화는 일본적 고용제도인 종신고용제도를 붕괴시키고 단카이(だんかい 団塊) 세대의 조기퇴직을 강요함과 동시에 고용 인구의 감소를 초래하였다. 이러한 제반 사회적 요인이 중첩되어 독신자와 비혼인구를 양산시키고 사람 간의 관계를 약화시키는 사회로 이행하게 되었다. 아울러 니드족이나 프리타족, 파견사원, 계약사원 등 비정규직의 증가로 인해 이미 30, 40대에 사회로부터 고립되는 분위기가 야기되었다.

한편, 일본은 선진국 가운데서도 자살률이 높은 비율을 차지하고 있으며, 고독사(孤独死) 혹은 고립사(孤立死)의 비중도 상대적으로 높다고 할 수 있다. 고독사의 사망 원인은 여러 가지가 있겠지만, 아무도 모르게 죽는다든지 신원조차 파악되지 않은 채로 화장되어 무연묘지로 보내지는 경우도 적지 않게 되었다.

2010년 NHK방송에서 다룬 'NHK스페샬'의 '무연사회 "무연사" 3만 2천 명의 충격'이라는 프로그램의 내용에 따르면 연고가 없는 무연사가 연간 3만 2천 명에 달한다고 한다. 이러한 현상은 일단 회사에서 퇴직하게 되면 조직과의 관계가 없어지고, 지역과의 연결도 희박하게 된다. 여기에 핵가족으로 인해 가족 간의 관계도 소원하게 되는 데서 생긴다는 것이다. 그리고 신원불명의 자살로 보이는 죽음이나, 행로병사(行路病死) 등도 무연사회의 일면을 보여주는 현상이기도 하다.

한편, NHK에서 일본의 간병보험인 개호(介護)보험과 생활보호제도에서 벗어나 무연고 관계로 바뀌어 가는 이유를 조사한 결과에 따르면, 첫째가 타인에게 폐를 끼치고 싶지 않다. 둘째, 경제적인 부담이 크다. 셋째, 치매 등에 걸려 서비스 내용을 이해할 수 없다는 순으로 나왔다고 한다. 또한 무연사회로 되어가는 배후에는 '가족으로부터 거부받고 있다'는 응답이 많고, 치매 환자의 친척에게 도움을 요청하면 '관계가 없다'라고 거부하는 경우가 대부분이라고 한다. 이는 현대 일본사회의 가족과 이웃 간의 유대가 점차 단절되어 가는 일면을 보여주는 사회적 현상이라 할 수 있다.

5) 독거노인

독거노인이란 가족 없이 혼자서 일상 생활을 영위하는 고령자를 말한다. 경우에 따라서는 정년퇴직 등으로 인해 직장생활을 하지 않는다든지 지역사회와의 관계를 갖지 않는 등 어떠한 공동체에도 소속되어 있지 않는 노인을 지칭하기도 한다. 현대 일본은 평균수명과 고령자 수, 고령화 속도의 세 가지 측면에서 세계 제1의 고령사회라 할 수 있다. 2016년 기준 평균 수명은 남성이 80.98세, 여성이 87.14세이며, 총무성이 조사한 2016년 65세 이상 추계인구가 3,514만 명으로 총인구 대비 27.7%의 비율을 점하는 초고령사회이다. 일반적으로 고령화 비율이 7~14%이면 고령화사회, 14~21%이면 고령사회, 21% 이상이면 초고령사회로 분류한다.

총무성 통계국의 자료에 따르면 2015년 1인 단독세대는 1,841만 8000세대인데, 그 가운데 65세 이상의 단독세대가 592만 8000세대라고 한다. 이는 2010년에 비해 단독세대가 9.7% 증가한데 대해 65세 이상 단독세대는 23.7%나 증가한 것이다. 향후 독거노인의 비율은 더 높아질 것이라고 한다. 장수가 인간에게 있어 축복인 면도 있지만, 한편으로는 독거노인이나 고독사 등의 문제를 증가시킨다. 장수로 인해 주변 친족이 타계하여 없다든지, 가족이나 친족이 생존해 있더라도 여러 가지 사정으로 인해 관계가 단절되거나, 먼 곳에 살기 때문에 연락이 닿기 힘드는 경우가 많기 때문이다.

독거노인이 증가하면 사회적으로 노인의 고립과 치매, 고독사 등의 문제가 야기된다. 우선, 소자화나 미혼율의 증가 등 여러 가지 사정으로 세대를 함께 할 수 없는 노인이 증가하기 때문에 사회적 고립을 초래한다. 2015년 조사에 따르면 50세의 생애미혼률 비율이 남성의 경우 23.37%, 여성의 경우 14.06%로 나타났다. 이는 1990년에 남성이 5.57%, 여성 4.33%였던 것과 비교하면 4배정도 증가한 것이다.

독거노인의 사회적 소외 현상은 내각부의 '2014년 독거노인에 관한 의식 조사 결과'의 사례에서 엿볼 수 있다. 먼저 독거노인을 상대로 주변에 '일상의 대수롭지 않는 일을 부탁하고 싶은 상대가 있습니까?'라는 질문에 '부탁하고 싶은 생각이 없다'와 '적합한 사람이 없다'라는 대답이 47.1%였고, '근심거리나 고민거리를 상담하고 싶은 상대가 있습니까?'라는 질문에 대해서는 '부탁하고 싶은 생각이 없다'와 '적합한 사람이 없다'라는 대답이 34.1%로 주변에 부탁하지도 않고, 부탁할 수도 없는 노인이 많다는 것을 알 수 있다.

또한 노인의 일상 생활에서 타인과의 관계를 보면, 60세 이상 노인의 대화 빈도는 전체의 90%가 매일 대화하고 있지만, 독거노인 세대는 '2, 3일에 1회' 이하인 경우가 많았다. 남성의 경우가 28.8%, 여성이 22.0%로 3분의 1정도가 다른 사람과 교류하지 않고 생활하고 있는 것으로 나타났다. '주변 이웃과 교제는 어떻습니까?'라는 질문에 대해 전체 노인의 경우 '친하게 교제하고 있다'가 51.0%, '인사정도'가 43.9%, '거의 교제하지 않는다'는 5.1%였다. 이에 비해 독거노인의 경우, 여성은 친하게 교제하고 있다'가 60.9%로 비교적 높지만, 남성의 경우, 거의 교제하지 않는다'가 17.4%로 나타나 20%정도가 주변 이웃과 교류하지 않는다는 것을 알 수 있다. 일반적으로 이웃과의 교제가 있을 경우 어떤 일이 발생하였을 때 도움을 받을 확률이 높으나, 독거노인의 경우 그러한 비율이 상당히 낮다는 점은 문제가 될 수 있다.

한편, 독거노인은 고독사로 이어질 가능성이 높다고 할 수 있다. 고독사 여부를 판단하는 도쿄도 감찰의무원(監察医務院)의 자료에 따르면, 2003년 65세 이상 독거노인의 고독사 수는 1,451명이었지만, 2015년에는 3,127명으로 급증하였다. 독립행정법인 도시재생기구가 운영 관리하는 임대주택 74만호 가운데 독신 거주자로 사망 후 1주일 이상의 기간이 경과한 뒤에 발견되는 건수가 2015년 179건이었는데, 그 중 65세 이상의 노인이 136건으로 나타났다. 이 점은 독거노인의 경우, 지역이나 다른 사람과의 교류가 적기 때문에 사망하더라도 장기간 방치될 확률이 높다는 사실을 보여주는 것이다.

12강 일본을 아는 키워드

지금까지 다양한 일본의 전통문화와 현대문화에 대해 언급하였으나 여기에서 설명한 내용과 항목들이 일본문화를 전부 나타낸다고 할 수는 없다. 이는 관점과 목적에 따라 다를 수 있으며, 그만큼 일본의 문화의 폭과 종류가 다양하기 때문이기도 하다. 따라서 이상에서는 언급하지는 않았지만, 일본을 알기 위한 키워드로서 천황제, 무사도, 게이샤, 우키요에, 벤토, 스시 등의 일부 항목을 추가하여 보충 설명하기로 한다.

1) 천황제

천황제(天皇制)란 천황을 중심으로 하는 국가체제로 세습군주가 최고의 권력을 가지는 정치체제라 할 수 있다. 일본의 경우, 『이와나미(いわなみ 岩波) 일본사사전』에는 "광의의 의미에서는 전근대천황제와 상징천황제를 포함하며, 협의의 의미에서는 메이지유신에서부터 패전

까지의 근대천황제를 지칭한다."고 되어 있다. 고대에 있어서는 천황이 종교적인 권위를 바탕으로 중앙집권적인 율령제국가를 통치하였지만, 중세와 근세의 시기에는 무사들이 정치를 장악하였기 때문에 천황의 정치력이 상실되었다. 하지만 근대에 들어와 메이지유신을 통해 천황을 중심으로 하는 근대국민국가가 만들어졌고, 패전 후에는 국정통치 능력을 가지지 않는 상징천황제로 바뀌었다.

천황이라는 어원은 중국의 천황(天皇), 지황(地皇), 인황(人皇)의 3황에서 유래되었으며 일본어의 '스메라미코토(スメラミコト)'의 한자표현이라 할 수 있다. 종교적 권위와 함께 군사적 무력을 바탕으로 왕에서 대왕으로 성장한 천황이 7세기 후반 중국으로부터 율령제를 수용하여 국가체제를 정비해 나갔다. 701년에 이르면 대보(大宝)율령을 제정하게 되고, 이를 계기로 천황을 중심으로 하는 중앙집권체제를 확립할 수 있게 되었다. 710년에는 헤이죠쿄(平城京)를 만들어 천도하는 등 정치적 권력을 보다 강화해 나갔다.

하지만 9세기무렵부터 점차 귀족층의 정치의사 결정권이 확대되고, 10세기에 이르면 천황과의 인척관계를 이용한 후지와라(ふじわら 藤原)씨의 섭관(摂関)정치로 인해 정치력이 약화되었다. 이를 타파하기 위해 11세기말 무렵부터 양위에 의한 상황(上皇)제도를 실시하여 원정(院政)을 행함으로써 정치적 권위 회복을 꾀하였다. 하지만, 12세기 말 가마쿠라에 무가정권이 성립하게 됨으로써 정치 권력이 교토의 조정과 가마쿠라의 막부로 분점되는 양상을 초래하였다.

14세기 중엽의 남북조시대와 무로마치시대 이르면 막부 권력의 강화로 천황과 조정의 정치적 권위는 보다 약화되었다. 15세기 말의 전

국시대와 16세기 말의 오다 노부나가(おだ のぶなが 織田信長)와 도요토미 히데요시(とよとみ ひでよし 豊臣秀吉)시대에 이르러서도 천황의 권위와 존재는 부정되지 않았다. 그 이유는 무사계급들이 자신의 권위를 높이기 위해 천황을 이용하려 했기 때문이다. 17세기 에도시대에 이르러서도 천황의 권위는 온존되었지만 막부에 의해 크게 제약을 받았기 때문에 연호 제정 이외의 정치적 권위는 거의 상실되었으나, 이 시기에도 주자학의 영향으로 인해 미토(みと 水戸)번을 중심으로 존황론(尊皇論)이 성행하기도 하였다. 에도시대 말기에 이르면 존황양이론과 더불어 천황은 막부의 권위를 부정하는 상징이 되고 토막(討幕)운동의 구심점으로 관심을 받게 되었다.

19세기 중엽 메이지유신의 성공으로 왕정복고가 이루어져 천황이 정치의 전면에 나설 수 있게 되었다. 메이지정부는 근대적 국가체제 모색의 연장선상에서 유럽의 입헌군주제 도입을 추진하고, 프로이센왕국과 벨기에왕국의 헌법을 모방하여 천황의 정치권력을 강화하는 대일본제국헌법을 만들었다. 천황을 국가의 정신적 지주로서 자리매김하기 위해 대일본제국헌법 1조에 "대일본제국은 만세일계의 천황이 통치한다"라는 조문을 넣고, 3조에 "천황은 신성하며 침범할 수 없다"고 정하였으며, 4조에서는 "천황은 국가의 원수로서 통치권을 총람하고 헌법의 조규에 의해 이를 행한다"고 규정했다.

대일본제국헌법 아래에서의 천황 대권의 내용은 다음과 같다. 첫째, 원수로서 통치권을 총람하고, 둘째, 육해군을 통수하며, 셋째, 제국의회의 협찬으로 입법권을 행사하고 법률을 재가하며, 넷째, 국무대신에 의해 보필을 받고, 다섯째, 사법권은 그 이름으로 법률에 의해 재판소가 행한다라고 하여 천황이 군대를 비롯하여 입법, 사법, 행정의 모든 권한을 가질 수 있는 절대군주제를 지향하였다. 이를 통해 천황을 인간이 아니라 '현신인(現人神)' 혹은 '유일신'과 같은 존재로 격상시켜서 전세계와 전우주의 정점에 두어 일본을 천황제 국가로 만들어 나갔던 것이다.

하지만, 패전 이후 일본국헌법이 만들어졌고, 그 전문(前文) 1조에는 "천황은 일본국의 상징이며 일본 국민 통합의 상징으로서, 그 지위는 주권이 소재하는 일본 국민의 총의(総意)에 기초한다"라고 명기하고, 이어 2조에 "황위는 세습되는 것이며 국회가 의결한 황실 전범이 정하는 바에 따라 이를 승계한다", 3조에는 "천황의 국사에 관한 모든 행위는 내각의 조언과 승인을 필요로 하며 내각이 그 책임을 진다", 4조에 "천황은 이 헌법이 정하는 국사에 관한 행위만을 행하며, 국정에 관한 권능은 가지지 않는다", 7조에는 "천황은 내각의 조언과 승인에 따라 국민을 위해 다음과 같은 국사에 관한 행위를 행한다"라고 천황의 존재와 지위에 대해 명시하고 있다.

이 새로운 헌법에 따라 오늘날의 천황의 존재는 첫째, 상징의 지위에 있으며 주권은 '일본 국민의 총의'에 있고, 둘째, 황위의 세습은 국회의 의결에 따라야 하며, 셋째, 국사 행위는 내각의 조언과 승인이 필요하며, 넷째, 국정 통치권은 가지지 못하고, 다섯째, 국사 행위도 내각의 제한을 받게 되었다. 그 결과 천황은 일본 국가를 상징하는 '상징천황제'의 존재로 자리매김하게 되었다

2) 무사도

무사도(武士道)란 일본에서 무사들 사이에 형성된 도덕 정신을 의미하는 것으로 가마쿠라시대의 무사사회의 성립과 더불어 성립되었다고 볼 수 있다. 어은(御恩)과 봉공(奉公)이라는 주종관계의 계약을 바탕으로 혈연적, 지연적 관계가 결합되어 만들어진 윤리 도덕규범이자 가치관이다. 무사들의 마음가짐과 살아가는 방식으로 주군에 대한 절대적인 충성과 복종이 중요시되고, 희생과 예절, 상무(尚武)와 명예, 검약, 신의, 용감, 염치 등의 정신이 요구되었다. 예전에는 모노노후의 도(もののふの道), 쓰와모노의 도(つわもののみち 兵の道), 궁시의 도(弓矢の道), 무사의 관습(武者の習) 등으로 불리다가 메이지 이후 무사도로 통일되었다.

이러한 도덕률이 중세와 전국시기를 거쳐 시대의 상황에 맞게 변용되다가 평화가 정착된 에도시대에 이르면, 유교 특히 주자학의 영향하에서 독자적인 관념론으로 발전하여 지배계급으로서의 무사에 합당한 정신과 행동 규범이 되었다. 이어 메이지유신 이후, 무사도는 일본인의 국민도덕 정신으로 강조되기도 하였다. 무사도라는 용어가 일반화되는 계기를 제공한 것은 1899년 미국에서 간행된 니토베 이나조(にとべ いなぞう 新渡戸稲造)의 『Bushido, the Soul of Japan』이라는 저서 때문이었다. 이 책이 출판됨으로써 서구사회에서 무사도는 일본의 혼으로 인식되게 되었다고 할 수 있다.

한편, 무사도에서 추구하는 주군에 대한 충성이라는 주요 덕목은 18세기 에도시대의 닌교죠루리와 가부키, 고단(こうだん 講談), 희극 등의 다양한 장르에서 공연되어 인기를 모은 쥬신구라(ちゅうしんぐら 忠臣蔵)에 잘 묘사되어 있다. 이후 무사도는 러일전쟁이나 중일전쟁 시에는 국가주의 사조(思潮)를 앙양하는 데 이용되기도 하였다. 쥬신구라는 겐로쿠(げんろく 元禄)시기에 일어난 아코(あこう 赤穂)사건을 바탕으로 한 창작물이지만, 오늘날의 일본인에게도 많이 애용되고 있다고 할 수 있다. 이 제목은 1748년 오사카에서 처음 공연한『가명수본충신장(仮名手本忠臣蔵)』의 약자이며, 그 내용은 다음과 같다.

1702년 지금의 효고(ひょうご 兵庫)현인 구 아코번(赤穂藩)의 무사 47명이 주군의 원수를 갚았던 아코사건이 소재가 되었다. 사건의 발단은 1701년 에도성에 온 천황사절의 접대역이었던 하리마아코(はりまあこう 播磨赤穂)번의 번주인 아사노 나가노리(あさの ながのり 淺野長矩)가 의전의 지도 감독인 기라 요시나카(きら よしなか 吉良義央)를 칼로 베어 상처를 입힌 데에서 발단이 되었다. 칼을 사용한 이유에 대해서는 잘 알려져 있지 않지만, 당시의 장군인 도쿠가와 쓰나요시(とくがわ つなよし 徳川綱吉)는 격노하여 에도성 안에서 무기를 지참할 수 없는 법 등을 위반하였다는 죄명으로 당일 할복을 명하고 아사노번은 폐번되었다.

하지만 상대방인 기라 요시나카에게는 아무런 처벌이 주어지지 않자, 낭인(浪人)이 된 가신 오이시 쿠라노스케(おおいし くらのすけ 大石内蔵助) 이하 47명이 주군인 나가노리를 대신하여 기라의 저택에 쳐들어가 기라의 목을 베어 주군의 묘 앞에 받치는 복수극을 단행하였다. 이 사건을 보고 받은 막부에서는 이들 47명의 처분을 둘러싸고 충의인지 범죄인지를 논의한 끝에 전원 할복 처분을 명하였다. 주군을

위한 충성과 복수, 할복으로 생을 마무리 짓는 행위가 무사들의 덕목으로 해석되어, 당시 서민들 사이에서 큰 공감대를 형성하게 되었다. 후일 이들은 아코의사(赤穂義士)로 불렸고, 이 사건을 소재로 하여 여러 장르에서 작품으로 만들어졌다.

3) 게이샤

게이샤(げいしゃ 芸者)란 무용이나 음악, 악기 등으로 객석의 흥을 돋우고 손님을 접대하는 여성을 지칭하며 게이기(げいぎ 芸妓), 게이코(げいこ 芸子)라고도 한다. 또한 술자리에서 여러 가지 기예를 알리고, 접대하는 전통적인 기생으로 에도시대 중기부터 성행한 직업이다. 에도시대에는 남자게이샤와 여자게이샤가 있었다. 교토나 오사카에서는 남사게이샤인 호칸(ほうかん 幇間)을 게이샤라 부르고, 여자는 게이코라고 부르기도 하였다. 호칸은 연회석에서 자리의 흥을 북돋우는 남자로 북을 가지고 다녔기 때문에 다이코모치(たいこもち 太鼓持)라고도 불렸다. 메이지시대가 되면 남성게이샤가 사라지게되었다. 이후 여성게이샤를 오사카에서는 게이샤, 교토에서는 게이코(芸妓)라고 불렀다. 그리고 견습 게이샤를 마이코(まいこ 舞妓)라 불렀으며, 도쿄 중심의 관동지방에서는 견습 게이샤를 한교쿠(はんぎょく 半玉), 스기(すうぎ 雛妓)라 불렀다.

게이샤는 크게 2종류로 나뉘는데, 무용을 주로하는 다치카타(たちかた 立方)와 사미센(しゃみせん 三味線)이나 피리에 맞추어 부르는 에도시대에 유행한 긴 속요인 나가우타(ながうた 長唄)나 노래를 부르거나 악기를 반주하는 지카타(じかた 地方)가 있다. 지카타가 되기 위해서는 상당한 수련이 필요하고, 게이샤가 되기 위해서는 가무와 음곡, 다도 등의 수행이 요구되기도 했다. 이런 사회적 배경 때문에 쇼와(しょうわ 昭和)시대 전기에는 게이샤 출신의 여성가수들이 배출되어 인기를 끌기도 하였다.

게이샤는 포주집으로 불리는 오키야(おきや 置屋)에 적을 두고 영업구역 내에서 이들을 필요로 하는 요릿집이나 여관 등의 출장지로 가서 소개를 받는다. 지금은 요정을 출입하는 게이샤가 매춘을 행하지는 않지만 일부 파견 게이샤의 경우, 지방의 온천지 등에서 매춘을 하기도 했다. 고용의 형태는 가불금에 따라 정해진 기간동안 고용되는 연계봉공(年季奉公)의 형태가 많았다. 보통 10세정도의 어린 나이에 팔려가 자질구레한 일들을 하다가 기초 기예를 습득하는 한교쿠의 과정을 거쳐 게이샤가 되는 것이 일반적이었다. 그러나 오늘날에는 아동복지법이 있기 때문에 이러한 계약관계가 위반이므로 자신의 벌이에 따라 비용 전부를 부담하거나 7대3, 5대5, 3대7 등의 계약을 맺기도 하고 오키야에서 숙식하지 않고 통근하는 경우도 있다.

게이샤를 부르는 방법은 손님이 요정에 요청을 하면, 요정에서는 예산이나 희망에 맞추어 준비를 해 주거나 단골손님의 경우, 아는 게이샤를 직접 부르기도 한다. 하지만 게이샤를 이용할 수 있는 곳은 한정되어 있기 때문에 아무 곳에서나 이용할 수 있는 것은 아니다. 이용 요금은 관동지방에서는 교쿠다이(ぎょくだい 玉代) 혹은 센코다이(せんこうだい 線香代)라고 하고 긴키(きんき 近畿)지방에서는 하나다이(は

なだい 花代)라고 한다. 그 외에 축의금이라 부르는 봉사료가 필요하고, 게이샤 요금은 음식대금에 포함하여 지불한다.

게이샤는 유녀로 불리는 창기(娼妓)와는 구별되기도 하지만, 선불금에 따른 연계봉공일 경우에는 구별이 어려울 수도 있다. 과거의 유곽은 인신매매와 매춘의 온상이었고, 손님을 가리지 않고 몸을 파는 여성을 미즈텐(みずてん 不見転)이라 부르기도 했다. 이후 1956년 매춘방지법의 제정으로 쇠퇴하게 되고, 1975년 이후에는 거의 자취를 감추었다고 한다. 하지만, 메이지시대에는 자신의 예능으로 생계를 유지하는 게이샤는 일종의 동경의 대상이 되기도 하였다. 일부 게이샤의 경우, 잡지에서의 인기투표라든지 그림엽서의 대상으로 이름을 날리는 명기(名技)나 미기(米妓)가 되기도 하였기 때문이다.

또한 일반적으로 게이샤와 유녀의 차이는 단나(だんな 旦那)라 불리는 일종의 남편이 있어 경제적으로 후원을 해준다는 점이다. 물론 게이샤의 성향에 따라 단나를 가지지 않을 수도 있다. 오늘날에는 사회적 변화에 따라 이런 제도가 사라졌지만, 메이지시대에는 게이샤가 유명인의 후처나 첩이 된다든지, 첩에서 정처(正妻)가 되는 경우도 있었다. 예를 들면, 이토 히로부미(いとう ひろぶみ 伊藤博文)의 후처가 된 이토 우메코(いとう うめこ 伊藤梅子)를 비롯하여, 3대와 9대 내각총리대신이었던 야마가타 아리토모(やまがた ありとも 山県有朋), 19대 내각총리대신이었던 하라 타카시(はら たかし 原敬), 메이지유신의 원로인 이타가키 타이스케(いたがき たいすけ 板垣退助), 29대 내각총리대신이었던 이누카이 쓰요시(いぬかい つよし 犬養毅) 등 당대의 유명한 정관계 인사는 대부분 게이샤의 단나였다.

4) 우키요에

우키요에(うきよえ 浮世絵)란 에도시대에 발달한 그림의 한 종류이다. 원래 '우키요'란 덧없는 세상, 속세라는 의미이지만, 에도시대에는 접두어로 '현대풍의', '유행의'란 의미로 사용되었기 때문에 당시에 유행하던 그림이라는 의미로 해석할 수 있다. 화풍은 고전적 묘사 양식을 답습하는 일본화의 유파인 야마토에(やまとえ 大和絵)의 흐름을 이어받았다. 그림의 소재는 일상생활의 풍경이나 풍물, 풍속 외에도 문명개화나 황실, 전설이나 기담, 고전문학 등으로 다양하였다. 우키요에는 손으로 그린 육필의 우키요에와 한 장 인쇄물의 목판화, 판본의 삽화 등의 종류가 있는데 오늘날에는 다색 인쇄의 목판화만을 지칭하는 경우가 많다.

육필화는 직접 손으로 그리기 때문에 1점뿐이고 유명한 화가의 경우 금액이 비싸서 일반인의 소장이 어려운 데 비해, 목판화는 인쇄가 가능하기 때문에 저렴하여 일반대중의 인기를 모을 수 있었다. 우키요에는 17세기 중엽의 초기 육필화에서 단색 목판화를 거쳐, 18세기 중엽에 이르러 다색 목판화가 나타남으로써 우키요에 문화가 꽃피게 된다. 육필에서 목판화로 바뀌면서 밑그림 그리는 사람과 조각하는 사람, 인쇄하는 사람으로 역할 분담도 이루어지게 되었다. 이후 메이지 말기에 사진과 석판화, 제판, 기계 인쇄 등의 새로운 기술들이 전래됨으로써 우키요에는 쇠퇴기를 맞이하게 된다.

우키요에 작가는 상당히 많이 있지만, 대표적인 작가를 몇 명 살펴보기로 한다. 먼저 에도시대 초기에 활동한 히시카와 모로노부(ひし

かわ もろのぶ 菱川師宣: 1618~1694)는 우키요에를 확립한 인물로 최초의 우키요에 작가라는 평가를 받고 있다. 주요 작품으로는 「뒤돌아보는 미인도(見返り米人図)」 등이 있다. 에도시대 중기의 작가인 도리이 키요나가(とりい きよなが 鳥居清長: 1752~1815)는 도리이(鳥居)파의 대표작가로 후일 샤라쿠(しゃらく 写楽), 호쿠사이(ほくさい 北斎), 히로시게(ひろしげ 広重) 등과 함께 6대 우키요에 작가 중의 한 사람이 된다. 주요 작품으로는 「9월」, 「빗 속 목욕탕에서의 귀가(雨中湯帰り)」 등이 있다. 도슈사이 샤라쿠(とうしゅうさい しゃらく 東洲斎写楽: 생몰불명)도 중기의 작가인데, 약 10개월의 짧은 기간에 가부키 배우그림 등 140여점의 그림을 남기고 자취를 감추었다고 한다. 주요 작품으로는 「3세 오타니 오니지의 하인 에도베(三世大谷鬼次の奴江戸兵衛)」등이 있다. 기타가와 우타마로(きたがわ うたまろ 喜多川歌麿) 역시 중기에 활약한 작가로 주요 작품으로는 「관정 3미인(寛政三米人)」, 「엿보기(のぞく)」 등이 있다. 중기의 작가인 스즈키 하루노부(すずき はるのぶ 鈴木春信: 1725~1770)도 다색 인쇄 목판화 탄생에 중요한 역할을 담당하였으며 후대의 우키요에의 발전에 많은 영향을 미친 작가이다. 주요 작품으로는 「쥬나곤 아사타다(ちゅうなごん あさただ 中納言朝忠)」등이 있다.

에도시대 후기의 우키요에 작가인 가쓰시카 호쿠사이(かつしか ほくさい 葛飾北斎: 1760~1849)는 가세이(かせい 化政)문화를 대표하는 인물로 3만 여점의 그림을 남겼으며 세계적으로도 알려진 작가이다. 주요 작품으로는 「후가쿠 36경(富嶽三十六景)」과 「호쿠사이 만화(北斎漫画)」 등이 있다. 우타가와 히로시게(うたがわ ひろしげ 歌川広重:

1797~1858)는 에도시대 말기의 작가로 고호나 모네 등의 화가에게 많은 영향을 미친 세계적으로 유명한 작가이다. 주요 작품으로는「쇼노 소나기(庄野 白雨)」와「동백에 피리새(椿に鶯)」 등이 있다. 우타가와 쿠니요시(うたがわ くによし 歌川国芳: 1798~1861) 역시 말기를 대표하는 작가의 한 사람으로 참신한 디자인과 기상천외한 아이디어 등으로 매력있는 작품을 많이 남겼다. 주요 작품으로는「사카다 힘센 아동(坂田怪童丸)」「로리하쿠쵸쵸쥰(ろうりはくちょうちょうじゅん 浪裡白跳張順)」 등이 있다. 쓰키오카 요시토시(つきおか よしとし 月岡芳年: 1839~1892)는 막말에서 메이지 전기에 활약한 우키요에 작가로 무사와 전투 그림을 많이 그렸고, 최후의 우키요에 작가로도 불린다. 주요 작품으로는「요시쓰네 5조다리의 그림(義経記五条橋之図)」과「옥토끼 손오공(玉兎 孫悟空)」 등의 그림이 있다.

한편, 우키요에는 유럽에 많이 알려져 구미(欧米) 미술에 일본의 영향이나 풍조를 미친 자포니즘을 유행시켰다. 그 계기는 1865년 인상파 그룹의 프랑스 화가인 브라크몬(Félix Bracquemond)이 일본에서 수입한 도자기의 포장지로 사용된「호쿠사이 만화」를 친구들에게 보여줌으로써 알려지게 되었다. 포장지로 사용될 정도로 저렴한 우키요에는 이후 유럽에서 비싼 값으로 거래되었다. 우키요에는 19세기 중엽의 만국박람회에 출품된 다른 공예품들과 함께 서양 작가들의 많은 관심을 끌었으며 인상파 미술 작풍에도 많은 영향을 미쳤다고 한다.

고호가 그린「단기 할아버지(タンギー爺さん)」이라는 제목의 초상화 작품의 배경에는 우타가와 히로시게와 우타가와 토요쿠니(うたがわ とよくに 歌川豊国), 게이사이 에이센(けいさい えいせん 渓斎英泉) 등

의 그림이 그려져 있고, 마네의 「피리부는 소년」도 우키요에의 영향을 받은 작품으로 알려져 있다. 그리고 19세기 말에서 20세기 초에 걸쳐서 유럽 및 미국을 중심으로 유행한 국제적 미술운동인 아르누보에도 우키요에의 작품이 영향을 미쳤다고 한다.

5) 벤토

휴대하여 먹을 수 있는 식량이라고 할 수 있는 도시락은 여행이나 행락 혹은 일로 인해 외출을 하여 일상의 식사를 하기 어려울 때 먹는 것으로 다른 나라에도 있지만, 일본에서는 이것을 벤토((べんとう 弁当)라고 한다. 벤토는 변당(辨当), 편당(便当)이라고도 쓰며 영어로는 'bento'라고 표기하는데, 그 어원에 대해서는 중국 남송시대의 '편당(便当)'에서 유래되어 '편도(便道)', '변도(辨道)'의 한자어로도 사용되었다고 한다.

보통 집에서 만드는 벤토와 상품용으로 시판되는 벤토의 2종류로 나뉜다. 서양에서는 샌드위치와 같은 빵으로 대신하지만, 일본과 한국에서는 쌀이 주된 재료가 되고 있다. 전통적인 일본 벤토는 밥과 우메보시(うめぼし 梅干し)로 구성되며, 집안의 형편에 따라 닭과 돼지 같은 육류와 생선 등의 해산물, 채소 등의 반찬이 첨가된다. 그리고 김밥이나 유부초밥 등과 같은 종류도 많이 이용된다. 이들 음식은 운반하기 쉽도록 벤토바코(べんとうばこ 弁当箱)라 부르는 용기에 넣어 가지고 다닌다.

휴대 음식으로서의 벤토의 기원은 보다 거슬러 올라간다고 볼 수 있지만, 헤이안시대에는 현미를 손으로 눌러 둥근 형태로 만든 주먹밥인 돈지키(とんじき 頓食)와 조리가 된 말린 밥인 호시이이(ほしいい 干飯)가 주로 휴대용 음식으로 이용되었다. 전국시대와 같은 전쟁 시에 무사들은 호시이이 외에 볶은 현미나 떡과 함께 된장에 절인 토란 줄기 등을 허리에 차고 다니며 먹었다고 한다. 아즈치모모야마시대에 이르면 오늘날과 같은 칠기의 벤토바코가 만들어져 차모임(茶会)이나 꽃놀이 등의 장소에서 먹게 되었다.

이후 시대가 안정되고 여행이나 관광이 가능하게 되자 고시벤토(こしべんとう 腰弁当)라 하여 주먹밥을 몇 개 만들어 대나무 잎이나 얼룩조릿대 잎, 나무 잎 등으로 감아 포장을 하여 허리에 차고 다니며 먹는 풍습이 생겨났다. 이후 차츰 손으로 휴대가 가능한 대바구니와 같은 상자형으로 바뀌었다. 오늘날에도 인기가 있는 마쿠노우치벤토(まくのうちべんとう 幕の內弁当)는 에도시대에 가부키나 노를 관람하는 사람들에게 막과 막 사이의 휴식시간에 특별히 만든 도시락을 나누어 주었기 때문에 이런 이름이 붙여졌다고 한다. 또한 이 시기에 에도 등의 대도시에서는 꽃놀이나 축제 등에 참석하는 사람을 위해 나무상자에 넣어 만든 오리즈메벤토(おりづめべんとう 折詰弁当) 전문점도 나타났다.

현재 일본에서 많이 팔리는 벤토의 종류를 보면, 첫째, 히노마루벤토(ひのまるべんとう 日の丸弁当)를 들 수 있다. 하얀 쌀밥 중앙에 붉은 우메보시를 1개 올려 만든 것으로 일본의 국기를 닮은 데서 비롯되었다. 둘째, 마쿠노우치벤토는 흰 쌀밥에 몇 개의 반찬을 넣어 하나의 세트로 만든 벤토이다. 셋째, 노리(のり 海苔)벤토는 밥에 김을 깔거나 덮어 만든 벤토이다. 넷째, 에도시대 승려이자 화가인 쇼카도쇼죠(しょうかどうしょうじょう 松花堂昭乗)가 고안하여 만들었다고 하는 쇼카도벤토이다. 십자로 칸막이를 한 도시락통에 여러 가지 요리를 넣는 것으로 약식 가이세키(かいせき 懐石)요리라 할 수 있다. 다섯째, 오키나와현 벤토로 불리는 것으로 밥 위에 부식물을 무작위로 올리는 형태이다. 상하지 않게 하기 위해 기름에 튀기고 볶는 음식이 많기 때문에 칼로리가 높으며 양념이 강한 특징이 있다. 그 밖에도 수많은 벤토가 존재하는데, 그 내용물에 따라, 행사나 구입 장소에 따라, 용기의 종류에 따라 그 종류와 명칭이 각각 다르다.

대표적인 오리즈메벤토 전문점으로는 니혼바시 벤마쓰 총본점(にほんばしべんまつそうほんてん 日本橋弁松総本店)이 있고, 포장해서 가지고 가는 벤토 체인점으로는 1위의 호토모토(Hotto Motto)가 있고, 2위의 혼케카마도야(ほんけ 本家かまどや), 3위의 홋카홋카테이(ほっかほっか亭), 4위의 오리진 토슈(オリジンとうしゅう 東秀), 5위의 히라이(ヒライ) 등이 있다. 한편, 에키벤(えきべん 駅弁)은 철도역이나 열차 내에서 철도여객을 상대로 팔고 있는 벤토를 말한다. 그 기원에 대해서는 여러 설이 있지만, 1885년 도치기(とちぎ 栃木)현의 우쓰노미야(うつのみや 宇都宮)역에서 처음 판매하였고, 현재와 같은 오리즈메벤토는 1890년 히메지(ひめじ 姫路)역에서 판매되었다고 한다.

판매 형태는 역 구내나 플랫폼의 매점에서 파는 형태와 제조업자가 경영하는 역 구내의 입식 소바와 우동가게 등이 일반적이다. 그 외에 식사시간 전후라든지 침대열차 등을 상대로 하여 진열하여 판매를 하거나 판매원이 판매 용기에 넣어 소리치고 다니며 마시는 차와 함께 팔기도 한다. 그러나 요즘은 판매가 감소하는 경향이어서 2016년을 기준으로 일본 전국에서 10개정도의 역에서만 판매되는 양상을 보인다.

6) 스시

스시(寿司)는 한자로 물고기젓 지(鮨), 생선젓 자(鮓)로 표기하기도 하는데, 쌀밥과 어패류를 합쳐 만든 일본요리라 할 수 있다. 크게는 교토를 중심으로 밥과 소금으로 절여 발효를 시킨 해산물을 사용하여 만든 나레즈시(なれずし 熟鮨)와 도쿄를 중심으로 식초를 넣고 섞은 밥과 신선한 해산물을 사용하는 하야즈시(はやずし 早鮨)로 구분할 수 있다. 나레즈시의 경우 그 기원은 나라시대까지 거슬러 올라가며 어원은 그 맛이 시큼하기 때문에 스시(すし 酸し)라고 부른 데에서 유래된 것으로 보고 있다.

스시의 역사는 헤이안시대 제국(諸国)으로부터의 공납품 가운데 자(鮓)·지(鮨)라는 용어가 보이기 때문에 이 시기까지의 스시는 하야즈시가 아니라 보존성으로 인해 생선을 소금이나 밥으로 절여 숙성시킨 나레즈시였을 것으로 추정된다. 무로마치시대가 되면 나레즈시의 발효기간이 단축되고, 시대가 내려가면서 술이나 술지게미, 누룩 등의 사용으로 스시의 발효기간을 줄이는 방법이 고안되었다. 에도시대의 17세기 말엽에 이르면 스시에 식초를 사용하는 방법이 사용되고, 제조기술의 발달과 더불어 발효시키지 않고 식초 맛으로 먹을 수 있는 하

야즈시(はやずし 早寿司)가 만들어지게 되었다고 한다.

에도마에즈시(えどまえずし 江戸前寿司)라고도 불리는 니기리즈시(にぎりずし 握り寿司)는 에도의 향토요리로 에도만에서 잡히는 신선한 어패류를 재료로 하여 스시의 장인이 만드는 스시로 문정(文政 1818~1831) 연간에 생겨나서 순식간에 인기를 모았다. 이후 일본 전국으로 확산되는데, 초기에는 보존 기술의 미발달로 초절임을 한다든지 간장에 담근다든지 잠깐 열을 가하는 방식이었다. 하지만, 메이지 말기에 이르면 제빙과 냉장고 시설을 갖춘 가게가 나타남으로써 오늘날의 니기리즈시와 비슷한 형태의 스시가 만들어진다.

가격이 저렴하여 일반인이나 여행자가 자주 이용하는 회전스시와 포장하여 들고 가서 먹는 스시는 1958년 회전스시전문점인 '마와루겐로쿠즈시(まわるげんろくずし 廻る元禄寿司)'가 오사카에서 개점한 다음부터 확산되었다. 이후 쿄타루(きょうたる 京樽)라든지 고조즈시(ごぞうずし 小僧寿司)와 같은 테이크아웃 스시 전문점이 개업하게 되었으며, 1980년무렵에 이르면 일본 전국으로 보급됨으로써 서민적 음식으로 자리잡을 수 있게 되었다. 전통적인 스시요리집은 스시의 종류가 싯가의 영향을 받기 때문에 하나 하나의 스시에 대한 가격을 표시하지 않는 경우도 있으나 요즘에는 한 접시당 혹은 1인분의 가격을 표시하는 방식이 널리 보급되어 있다.

스시의 종류로는 니기리즈시가 대표적이지만 마키즈시(まきずし 巻き寿司), 이나리즈시(いなりずし 稲荷寿司), 지라시즈시(ちらしずし 散らし寿司), 오시즈시(おしずし 押し寿司) 등 다양한 종류가 있다. 니기리즈시는 작은 초밥 덩어리에 와사비를 넣고 스시 재료를 올려 양손으로 움켜쥐어 만드는 것으로 손이나 젓가락을 사용하여 간장에 찍어 먹는다. 마키즈시는 재료와 초밥을 김이나 얇은 달걀무침 등으로 만 초밥으로 '마키모노(まきもの 巻き物)', '노리마키(のりまき 海苔巻き)'로도 불린다. 크기에 따라 대, 중, 소로 나뉜다. 이나리즈시는 양념을 한 유부를 잘라 삼각형 혹은 사각형 자루 모양으로 만들어 그 안에 식초를 뿌린 밥에다 당근이나 표고버섯, 깨 등을 섞어 넣어 만든다. 지라시즈시는 초밥 위에 여러 종류의 재료를 뿌리는 것 같이 올려 만드는 스시이다. 관동지방에서는 흰밥 위에다 니기리즈시에 사용하는 다양한 재료를 얹는 방식이지만, 그 외의 지방에서는 초밥 위에 조미한 재료를 섞고 가늘고 길게 자른 계란이나 김 등을 장식하기도 한다. 오시즈시는 초밥과 재료를 겹쳐 눌러 만든 스시로 하코즈시(はこずし 箱寿司)가 원형이라 할 수 있다.

참고 문헌 및 참고 사이트

참고 문헌

南博, 社会心理研究所 編 (1983),《日本人の生活文化事典》, 勁草書房.
家永三郎 (1982),《日本文化史》, 岩波書店.
武田七郎 監修 (1989),《すぐに役立つ冠婚葬祭事典》, 勁草書房.
水谷修 他 (1995),《日本事情 ハンドバック》, 大修館書店.
下中弘 編 (1995),《日本を知る101章》, 平凡社.
日本史広辞典編集委員会 編 (1997),《日本史広辞典》, 山川出版社.
弓削悟 (2000),《日本の年中行事》, 金園社.
福田アジオ 外 編 (2006),《精選 日本民俗辞典》, (上, 下) 吉川弘文館.
飯倉春武 編著 (2007),《日本人のしきたり》, 青春出版社.
大久保純一 (2008),《浮世絵》, 岩波新書.
湯本豪一 (2009),《まるごとわかる日本人はじめて百科浮世絵》, 岩波新書.
石橋健一郎 編著 (2011),《よくわかる歌舞伎》, ナツメ社.
昭文社 旅行ガイドブック 編集部 編,《旅地図 日本》, 昭文社.
김미란 편저 (1997),《일본문화》, 형설출판사.
노성환 (1997),《일본 그 사회와 문화》, 학문사.
박정의 편저 (2001),《日本事情 일본의 생활과 문화》, 제이앤씨.
정효운 외 (2002),《새로운 일본의 이해》, 다락원.
박순애 (2004),《일본입문 일본의 문화와 사회》, 시사일본어사.
정형 (2009),《사진 통계와 함께 읽는 일본, 일본인, 일본 문화》, 다락원.
폴 발리 지음, 박규태 옮김 (2011),《일본문화사》, 경당.
구태훈 (2012),《일본문화 이야기》, 재팬리서치21.
조강희 외 (2015),《日本文化의 理解》, 부산대학교출판부.
최윤정 외 (2015),《사진과 함께하는 일본어뱅크 일본문화》, 동양북스.
김숙자 외 (2016),《日本事情 사진으로 보고 가장 쉽게 읽는 일본 문화》, 시사일본어사.
박복원 (2017),《일본을 알기 쉽게 일본 나비》, 백산출판사.
이영숙 (2017),《일본문화의 이해》, 석필.
이은주 (2018),《새롭게 배워보는 일본 일본인 일본문화》, 백산출판사.

참고 사이트

https://ja.wikipedia.org/wiki/ 프리백과사전 위키피디아(일본)
https://kotobank.jp/ 용어해설 사이트(아사히신문사 외)
https://www.weblio.jp/ 웹리오 사전
https://kids.gakken.co.jp/ 학연 키즈넷
https://www.stat.go.jp/ 일본 총무성통계국
https://www.mhlw.go.jp/ 일본 후생노동성
http://www.mext.go.jp/ 일본 문부과학성
http://www.bunka.go.jp/ 일본 문화청
http://www.ipss.go.jp/ 일본 국립사회보장·인구문제연구소
https://www.welcometojapan.or.kr/ 일본정부 관광국
https://www.jtb.or.jp/ 일본교통공사
http://www.ndl.go.jp/ 일본 국립국회도서관
http://www.cul-net.com/ 일본문화 검색엔진
http://www.i-nekko.jp/ 생활 세시기
https://www.jp-guide.net/manner/index.html 관혼상제 매너와 비즈니스 지식
https://jpnculture.net/ 일본 문화연구블로그
http://www.japa-net.co.jp/ 일본 마쓰리 정보
http://www.wahuzei.com/ 일본의 전통
http://lesson-japan.com/ 일본의 전통문화
http://iroha-japan.net/ 일본문화 이로하사전
http://www.nohkyogen.jp/ 노와 교겐
http://www.bunraku.or.jp/ 분라쿠협회
http://www.geikyo.com/index.php 라쿠고예술협회
http://www.unesco.or.jp/ 일본 유네스코연맹
http://www.sumo.or.jp/ 일본스모협회
http://www.jaba.or.jp/ 일본 야구연맹
http://www.jfa.jp/ 일본 삿카협회
http://www.judo.or.jp/ 전일본 유도연맹
https://www.kendo.or.jp/ 전일본 검도연맹
http://www.japan-ukiyoe-museum.com/ 일본 우키요에 박물관
https://japan-web-magazine.com/ 재팬 웹메거진
https://www.japanhoppers.com/ko/ 재팬홋파즈

색인

ㅇ

ㅈ

정효운

동아대학교 사학과와 석사과정을 졸업하고 일본 리츠메이칸(立命館)대학에서 문학석사와 박사학위를 취득한 후, 귀국하여 1996년부터 동의대학교 일본어과에 재직하면서 일본역사와 문화를 강의하고 있다. 주 전공분야는 고대한일관계사이지만, 한일문화비교와 해양교류사 분야도 시야에 두고 있다. 최근에는 한국과 일본의 사생학 연구에도 많은 관심을 가지고 있다.

프라임 일본문화정보

초판 1쇄 발행 _ 2018년 12월 31일

저　　자 • 정 효 운
발 행 인 • 정 현 걸
발　　행 • 신 아 사
인　　쇄 • 대명프린팅
출판등록 • 1956년 1월 5일 (제9-52호)
주　　소 • 서울시 은평구 통일로 59길 4 (2F)
전　　화 • 02)382-6411 · 팩스 02)382-6401
홈페이지 • www.shinasa.co.kr
E-MAIL • shinasa@daum.net

ISBN 978-89-8396-322-2 (93300)

정가 13,000원

이 저서는 교육부의 산업연계교육활성화선도대학(PRIME)사업 사업비를 지원받아 집필한 저서임